MICHELE RANIERI

IL MAESTRO CHE E' IN TE

**Le Vie Orientali e Occidentali
Per Godersi La Vita ed Esprimere e
Realizzare Il Meglio Di Sé Stessi**

Titolo

"IL MAESTRO CHE E' IN TE"

Autore

Michele Ranieri

Editore

Bruno Editore

Sito internet

http://www.brunoeditore.it

Tutti i diritti sono riservati a norma di legge. Nessuna parte di questo libro può essere riprodotta con alcun mezzo senza l'autorizzazione scritta dell'Autore e dell'Editore. È espressamente vietato trasmettere ad altri il presente libro, né in formato cartaceo né elettronico, né per denaro né a titolo gratuito. Le strategie riportate in questo libro sono frutto di anni di studi e specializzazioni, quindi non è garantito il raggiungimento dei medesimi risultati di crescita personale o professionale. Il lettore si assume piena responsabilità delle proprie scelte, consapevole dei rischi connessi a qualsiasi forma di esercizio. Il libro ha esclusivamente scopo formativo.

Sommario

Introduzione — pag. 5
Capitolo 1: Sanatana Dharma, la "mission dell'uomo" — pag. 13
Capitolo 2: Siamo fatti di polvere di stelle — pag. 46
Capitolo 3: Come cambiare la tua matrix — pag. 75
Capitolo 4: Lo stile di vita è nei dettagli — pag. 110
Capitolo 5: Il potere nascosto delle tue mani — pag. 161
Capitolo 6: I bio-umori fuori di noi — pag. 200
Capitolo 7: Come diventare maestro di te stesso — pag. 256
Conclusione — pag. 316
Appendice — pag. 322

Introduzione

Benvenuto in questo viaggio, un viaggio che ho fatto più volte, che più volte ho condiviso con studenti e amici. Un viaggio che adesso sono felice di condividere con te.

In quarant'anni di ricerca sullo star bene ne ho viste di tutti i colori, anche se la mia ricerca si è focalizzata sullo Yoga, sull'Ayurveda e sulla meditazione.

Appartengo a quella categoria di persone che quarant'anni fa erano considerate più marziani che esseri umani. Allora essere vegetariani era visto come una cosa da manicomio. La ricerca mi ha messo in contatto con maestri orientali come Shree Anandamurti, S.V.Govindan, Shree Birendha dell'Ashram di Shree Aurobindo, Jiddu Krishnamurti, Navanish Prasad, etc. e di stampo occidentale come Jim Rohn e altri prestigiosi docenti quali Daniel Goleman, Stephen R. Covey e Brian Weiss.

Mi ritengo in primo luogo un ricercatore perché amo quello che sto facendo e non posso fare a meno di continuare a farlo, seguitando ad esplorare dove ci sia da apprendere l'arte del vivere, ovunque essa sia.

Approfondire le conoscenze che permettono all'uomo di migliorarsi e di contribuire a un progresso sociale, è per me più importante del cibo. Se non lo facessi, ne morirei.

Per questo motivo appena maggiorenne ho lasciato il certo per l'incerto e sono andato incontro alla vita, pronta nella sua generosità e a soddisfare tutte le mie curiosità, ben al di là delle mie aspettative.

Insegno Yoga dal 1980 e Ayurveda dal 1996 e ho condiviso il frutto delle mie ricerche con migliaia di persone in tutto il mondo. Ho restituito il favore all'India insegnando e massaggiando indiani, anziani e bambini poliomielitici dei villaggi.

Negli ultimi vent'anni sono stato contattato da aziende di estetica internazionali, Spa Resort e scuole di Ayurveda e Yoga perché mi prendessi cura della loro clientela, degli operatori benessere che massaggiano e si prendono cura dei loro clienti.

Negli ultimi dieci anni ho incominciato a organizzare corsi ed eventi fuori dall'ambito lavorativo e professionale, affinché chiunque potesse trarre beneficio dalle conoscenze per migliorare la relazione con sé stesso, con gli altri e all'interno della famiglia.

Ho aiutato molte coppie ad avere un rapporto migliore con sé stessi, i genitori a capire meglio i propri figli, i figli a capire meglio i propri padri e i propri nonni. Il tutto è una miscela fantastica di comunicazione non verbale con massaggi, meditazione e stile di vita.

La vita è un viaggio che non finisce mai; raggiungi la meta quando ti godi il qui e ora. Il viaggio quindi inizia al mattino, quando apri gli occhi e finisce la sera quando li chiudi.

Le tappe più belle sono quelle in cui sei presente nella vita delle persone che ami, quando riesci a dare le attenzioni a te stesso e a chi vuoi tu, indipendentemente dagli impegni di lavoro e di vita che ti sei dato.

Il viaggio è anche conoscere culture e Paesi diversi. In questo modo ti liberi delle convinzioni che fanno male e che non ti appartengono, e giorno dopo giorno fai entrare in te quelle che ti fanno bene e ti servono veramente.

In questo libro ti prenderò per mano per farti imparare e accarezzare il tuo cuore *in primis*, per insegnarti ad apprezzarti e amarti per quello che sei, ad essere la miglior versione di te stesso.

In questo percorso ti starò vicino per imparare a massaggiarti e a prenderti cura di te; massaggiare le persone che ami e per riuscire a comunicare con il cuore e con i sensi, perché le cose più belle si esprimono in silenzio e guardandosi negli occhi: si intuiscono al volo, le sai, le vivi.

Se mi starai vicino, vedrai come puoi fare meditazione nel traffico più caotico, nelle riunioni di lavoro più stressanti ed essere meravigliosamente immerso nel flusso della vita, danzando pienamente e fino in fondo la tua danza, così che arriverai ad essere un uomo di successo nella vita prima che nel lavoro.

Spero di vederti presto, magari a un happy & healthy hour con delizie culinarie e dove impariamo un semplice ma efficace massaggio per la coppia, oppure a un fine settimana residenziale per essere un imprenditore felice che gestisce lo stress; o, magari, per compiere insieme un tuffo nell'infinito, cosa che di tanto in tanto amo fare con i miei clienti e con i miei amici nelle meravigliose strade dell'India, del Sud dell'Italia e del mondo.

Ho scritto questo libro perché imparare è importante, e per imparare hai bisogno di maestri e di libertà; senza libertà rimani imprigionato nella presunzione del maestro migliore.

Io ho avuto dei maestri eccezionali e ho avuto dei maestri che, anche se mi hanno insegnato tanto, mi hanno fatto perdere molto tempo, danneggiandomi anche e pesantemente.

In Giappone, tanto tempo fa, si racconta di un maestro zen amatissimo da tutte le migliori famiglie. Litigavano tra di loro per mandare i loro figli da lui. Quando questi ragazzi arrivavano al suo cospetto, salutavano con le mani congiunte al petto, abbassando il capo in segno di rispetto e di umiltà.

Questo maestro tutte le volte che un suo allievo si inchinava in questo modo, gli dava una bella sberla sulla testa. L'allievo scioccato alzava lo sguardo e gli chiedeva il perché. Il maestro rispondeva: "Inchinati sempre, ma con gli occhi guarda sempre in alto". La risposta del maestro mi ha cambiato la vita!

Il mio invito quindi è di portare molta attenzione a chiunque abbia qualcosa da dirti nella vita. Anche se gli altri hanno delle cose da insegnarti, spesso e volentieri lo possono usare per fini personali, e all'improvviso ti accorgi che un'opportunità di crescita si è rivelata una situazione castrante, limitante, che oscura il tuo animo e non ti dà più la possibilità di capire ed essere capito.

Fai molta attenzione a chi si dice "maestro", a chi esprime il suo modo di essere camuffandolo sotto visi beati, parole filosofiche o presunti insegnamenti spirituali. Chi ti scrive è un sopravvissuto che è caduto in diverse trappole e spiacevolissime situazioni.

Le manipolazioni possono arrivare non solo da maestri, ma anche dal tuo insegnante di Yoga, dal tuo massaggiatore e spesso e volentieri da un nuovo partner, nuovi amici, nuovi colleghi di lavoro.

È stato solamente grazie a dei maestri psicologi – che mi hanno fatto vedere con chiarezza la figura del narcisista – che dopo quarant'anni di ricerca mi ha fatto capire come la trappola del narcisismo trovi terreno fertile nel campo del settore olistico, del benessere e della crescita personale.

Non far diventare l'opportunità un problema è il motivo principale che mi ha spinto a condividere con te questo libro. Il vero maestro sei tu, gli altri sono solo coach.

Se non capisci questo, continuerai a girare intorno a te stesso, ma non prenderai mai il sentiero per crescere davvero. L'introduzione finisce qui. Grazie per essere qui e prepariamoci al viaggio!

Che tu possa essere felice.
Che tu possa essere in salute.

Che tu possa essere realizzato.

Capitolo 1:
Sanatana Dharma, la "mission dell'uomo"

Senza obiettivi, in assenza di ideali, non viviamo veramente. Semplicemente sopravviviamo. Poco importa se in un castello o sotto un ponte.

Ricordo che, quando me ne andai di casa, attratto dall'incerto, dal nuovo e dal "non scontato", mia sorella mi chiese: "Non hai paura del futuro, cosa farai senza pensione?". La mia risposta fu: "non m'importa se finirò in un castello o sotto un ponte, voglio vivere e non essere prigioniero della sicurezza".

Allora non sapevo che stavo applicando un principio che avrei ritrovato in molte mie letture, quello di non essere schiavo della zona di comfort.

Credo di aver sempre avuto una missione nella vita, l'ho sempre creduto, fin da bambino. Penso che il concetto di Dharma sia congenito in me e allo stesso tempo intrinseco nella vita di ognuno di noi, fin dal suo inizio.

Ci sono molte definizioni di Dharma, ma quello che sento più affine è: "la natura intrinseca delle cose, l'istinto a crescere e a sviluppare le nostre doti individuali in accordo alle leggi universali". Dante descrive il Dharma in maniera eccellente quando afferma: "Fatti non foste a viver come bruti, ma per seguir virtute e canoscenza".

Comincia pensando al fine per vivere la vita da protagonista. Nei miei corsi e con i miei pazienti invito le persone a riflettere su cosa vogliono nella vita. Assegno loro il compito di pensare ai propri obiettivi partendo dai sogni che avevano da bambini, che cosa volevano fare da grandi, quali erano e quali sono i loro talenti, cosa vogliono essere come compagni, come genitori, come persone nei confronti della società.

Quasi sempre queste domande creano un misto di stupore e sgomento; forse non ce le siamo mai poste, più probabilmente perché sono interrogativi scomodi che vengono rimossi e dimenticati.

Da bambini ci chiedevamo cosa volessimo essere e fare nella vita, ma poi, la cultura dominante, la famiglia, la scuola, la società in generale, a volte anche le prime storie d'amore, ci hanno portato a investire tutte le energie in qualcosa che ci allontanava da quello che siamo, a pensare sempre meno a ciò che vogliamo davvero.

SEGRETO n. 1: abbiamo una cosa bellissima da fare nella vita: realizzare la nostra missione personale, il nostro Sanatana Dharma.

Per quanto abbia incontrato non poche difficoltà nel mio percorso evolutivo, credo di essere riuscito a superarle trasformandole in opportunità (sfruttando il potenziale di "resilienza" insito in tutti i bambini).

Ho potuto ad esempio compensare la mancanza di una guida adeguata con la fortuna di essere lasciato libero. Così, anziché sognare Tarzan, mi costruivo la casa sugli alberi del parco di Monza.

Anziché sognare di fare il giro del mondo, a nove anni andavo in bicicletta all'aeroporto e guardavo gli aerei volare con in mano il numero americano di Spiderman, acquistato all'edicola internazionale che, con il suo detto "a grandi poteri grandi responsabilità", mi stimolava a osare l'impossibile.

Secondo la visione vedica e yogica della vita, l'uomo è l'unico essere vivente dotato della capacità di oggettivazione, di pensare e porsi degli obiettivi, di crescere e "cambiare".

La legge dell'evoluzione e del continuo mutamento è presente in tutto il Creato. È una legge dell'Universo. Tutto è soggetto a continuo cambiamento, tutto cambia e tutto è permanente. Capire la bellezza del cambiamento è uno dei segreti della vita per viverla con gioia e appagamento.

Temerla o rifiutarla, al contrario, è il modo migliore per rovinarsela. Siamo l'unica razza che può creare il cambiamento anziché subirlo dalla natura. Questo potere purtroppo lo stiamo usando male allontanandoci dalla consapevolezza che siamo un corpo unico illudendoci di essere i padroni della e non invece responsabili per noi e le future generazioni, il che è sostanzialmente diverso.

La cosa migliore è andare verso il cambiamento in maniera eco-compatibile e nel rispetto della vita in tutte le sue forme.

SEGRETO n. 2: la vita è in continuo mutamento. Tutto è transitorio. Cambiare è un bene prezioso. Vedi questa verità come un'opportunità rara.

Nelle ultime decadi si parla molto di "missione personale", di porsi degli obiettivi, di visualizzare quello che si vuole raggiungere ecc., soprattutto nella sfera lavorativa.

Stephen Covey nel suo splendido libro *I sette pilastri del successo* mette al primo punto il raggiungimento del successo personale oggettivo e soggettivo, con sé stessi e nelle relazioni. Egli dice: "Comincia pensando al fine".

Di pari passo, con il darsi degli obiettivi e pensare a cosa "si vuole fare da grandi", c'è il processo del meditare. Le due cose sono e devono essere strettamente connesse. L'ho capito dopo più di trent'anni di meditazione.

Riflettere dandosi tempo, staccandosi da tutto e poi inserirlo nella meditazione è un atto altamente potenziante, vedere il tuo successo e vedere dentro di te, trasformare le tue debolezze è qualcosa di miracoloso.

Da bambino mio padre per punirmi mi chiudeva in cantina e prima di uscire per lasciarmi solo al buio si girava e mi diceva "non combinerai mai nulla di buono dalla vita".

Questo e molti altri momenti infelici sono retaggi pesanti che ognuno si porta dentro nella vita e minano il tuo successo e la tua pace interiore. È da questi momenti che si sviluppano pensieri ed emozioni erronei che ci portano ad autocommiserarci e a disistimarci.

Durante i primi anni di meditazione riaffioravano in me i momenti brutti della mia infanzia, come se stessi purgando le mie memorie profonde da impurità vecchie e stantie. A volte mi riprendevo sciocccato da quei ricordi antichi che quasi non ricordavo più.

Meditare mi ha aiutato molto e sono convinto che si debba integrare all'analisi per trasformare l'esperienza e sbloccare il circuito che impedisce al tutto che è in noi di fluire.

Meditare inserendo nella meditazione i focus che riguardano le nostre zone d'ombra e gli obiettivi che vogliamo raggiungere mette in atto una sinergia grandiosa e soprattutto ci libera dal rischio di manipolazioni potenti che spesso e volentieri incontriamo sulla strada della crescita personale.

Oggi molti coach, guru e counselor vari sono di fatto questo. Più indaffarati a far bottega che a servire e aiutare.

Crearsi una mappa con i vari aspetti della vita è quindi importante, e cosa ci vogliamo mettere dentro in termini di obiettivi ha la funzione di darci una rotta e di mantenerci all'interno di essa nei momenti difficili.

Altro aspetto importante è che oggi dobbiamo uscire dall'ismo dell'orientalismo. Sì, amati compagni di hathayoghiani, spiritualyoghiani, ayurvedani, vegani, yoganandiani, marghi, aurobindiani, harikrishnani e chi più ne ha più ne metta. Usciamo dal tunnel in cui ci siamo messi e se ci sono delle contraddizioni non seguire a testa bassa.

Integrazione delle culture e delle saggezze. L'unico vero e sano possibile globalismo. Ho dei ricordi bellissimi sulle mie prime meditazioni. Non avevo ancora diciotto anni e mi ero innamorato dei libri di Hermann Hesse.

Avevo lasciato la mia casa d'origine, la scuola, il lavoro e gli amici. La vita mi stava stretta e sentivo che c'era qualcosa al di là del recinto in cui essa era come confinata. Era come se mi fosse stata imposta.

Con tutto il rispetto per la mia famiglia e le mie "responsabilità", per la scuola finalizzata a ottenere un titolo riconosciuto, per il posto di lavoro assicurato e la sicurezza pensionistica, fuori dalle mura di casa, altri fratelli, altre imprese mi chiamavano e meritavano la mia attenzione; pulsava forte la voglia di fare per il piacere di fare e di fare anche qualcosa di buono e di importante per rendere il mondo migliore.

C'era la voglia di sapere e conoscere, di cercare risposte alle domande fondamentali che ogni essere umano si pone almeno una volta nella vita (e che spesso vengono spente o accantonate).

Sentivo che la cosa più bella e importante della vita era capire chi siamo e che cosa vogliamo essere e che la conoscenza non poteva essere limitata a "servire", al puro scopo di sviluppare competenze per avere successo nel campo lavorativo.

Nonostante fossi impegnato socialmente e politicamente (erano gli anni di piombo, gli anni del movimento e della contestazione studentesca, gli anni del pop rock, del festival del parco Lambro), sentivo che il mondo andava conosciuto, con i suoi mari, le montagne, i paesi e le città.

Sentivo che persone e culture di altri Paesi dovevano essere ascoltate, che non c'era solo il nostro punto di vista occidentale e materialistico.

Ricordo come se fosse ieri una conferenza tenuta da un capo Navajo nel 1976 nel Palazzo delle Stelline, vicino al Cenacolo Vinciano di Milano. Quest'uomo parlava del diritto all'indipendenza del suo popolo, parlava della cultura del suo popolo.

Era così fiero e nobile. La sala profumava di coraggio, libertà e fratellanza e mi si aprì un mondo inesplorato. Capii l'importanza della natura per la vita di ogni uomo, capii che non siamo padroni ma responsabili di questo mondo, e capii che la nostra cultura non era "la cultura", la nostra società una delle varie società e non necessariamente la migliore.

Capii che c'era bisogno d'integrazione, di una globalizzazione basata tra l'interazione umana, tra l'incontro e il confronto. Così feci un tuffo nell'infinito e lasciai il certo per l'incerto, uscendo dalla zona di comfort. Lasciai tutto per seguire me stesso.

Nel 1978 mi ritrovai a Camogli, splendido paesino sul mare ai piedi del parco di Portofino. Di notte facevo il pescatore e di giorno vivevo con la "V" maiuscola. Avevo tutto il tempo che volevo per fare le cose che amavo.

La strada mi si apriva davanti e, da maestra eccellente qual è, mi guidò con grande saggezza. Nei miei viaggi in autostop conobbi delle persone sublimi. Tra queste Maurizio, che mi guidò nella lettura e mi consigliò autori fantastici, tra cui Richard Bach con il suo *Il gabbiano Jonathan Livingston*, il quale mi inebriò letteralmente; poi arrivò Hermann Hesse che con il suo libro *Una biblioteca della letteratura universale*, mi guidò verso la cultura cinese e indiana.

Fu uno dei momenti più belli della mia vita. Con *Una biblioteca della letteratura universale* conobbi Vivekananda, il primo indiano che portò la conoscenza dello Yoga nell'Occidente contemporaneo nel lontano 1983 nel primo Parlamento mondiale delle religioni che si tenne a Chicago.

I suoi testi erano fantastici. La filosofia yogica mi si aprì con il suo profumo universale e iniziai a meditare. Meditavo sugli scogli, sotto gli alberi, di notte in mezzo al mare, nei sentieri del parco di Portofino.

Mi ero "auto-iniziato". Così, senza maestro. Quando qualche anno dopo ricevetti l'iniziazione, rimasi sorpreso dalle analogie e similitudini di aspetti che avevo dedotto da solo.

Era più esattamente un sapere profondo, archetipico che appartiene all'umanità, un sapere che emerge quando si è tranquilli, un sapere che acquieta il tuo cuore, armonizza il tuo respiro, un sapere che quando riapri gli occhi ti fa vedere il mondo a partire dalla tua gente, con un senso di amore e di rispetto così intenso, così profondo, che una sola parola emerge dentro di te, un *grazie* incondizionato, infinito, alla vita e alla realtà che stai vivendo.

Sei consapevole che ogni singolo respiro, ogni singolo battito cardiaco sono un dono e un'opportunità.

Questo grazie affiora ogni volta che mediti e ti fa vivere meglio in ogni cosa che fai. Un senso di pace e gratitudine ti accompagna in ogni cosa che fai a partire dalle faccende domestiche, che ti porta ad essere nelle cose e non delle cose, nella vita e non della vita, ti fa godere di quello che hai e a lasciarlo andare quando la vita te lo porta via, un grazie che ti fa vivere nel qui e nell'ora e pronto a ogni nuova esperienza.

Da quei giorni sono passati tanti anni. In questi anni ho appreso tanti metodi meditativi, tutti interessanti. In primo luogo la meditazione dell'Ananda Marga di Shrii Anandamurti; molto completa e che tuttora è parte del mio meditare quotidiano.

La scuola Vipassana insegnata nel buddhismo antico con ritiri intensivi di 10 giorni senza parlare, basata sulla pura osservazione di sé stessi; quelle cristiane di Anthony De Mello; la scuola di Deepak Chopra che amo molto; quelle del Pranic Healing di Choa Kok Sui, basato sul lavoro dei chakra e ruote di potere inerenti la nostra fisiologia esoterica o sottile.

Oltre a queste ci sono poi le meditazioni nel fare, nell'agire, splendidamente descritte dal grande filosofo Jiddu Krishnamurti nel detto: "Fai una meditazione al giorno che non duri meno di 24 ore".

Ho avuto la fortuna di conoscere quest'uomo e molti dei maestri che ho citato. Krishnamurti infondeva una pace così profonda. Inoltre esprimeva un'intelligenza ammirevole. Il suo rimando all'attenzione, all'osservare con minuzia il processo del pensiero e delle emozioni mi hanno insegnato che apprendere l'arte di essere nelle emozioni è importante per essere semplicemente e meravigliosamente umani ed è essenziale per capirsi e per capire gli altri.

Con Daniel e Tara Goleman sono approdato all'intelligenza emotiva. Leggendo i loro libri ho scoperto che sono dei praticanti di Vipassana e il loro lavoro encomiabile è uno dei metodi meditativi più riusciti nel fare incontrare Oriente e Occidente, meditazione e psicoanalisi.

In sintesi, non c'è un modo solo per meditare. Puoi imparare da tanti maestri. Credo fermamente che puoi anche sviluppare la "tua meditazione". Io lo faccio, me la creo e ci metto dentro i semi delle mie intenzioni, i miei obiettivi, i miei sogni.

Personalmente è la prima cosa che faccio al mattino. Se il tempo lo permette lo combino con la passeggiata mattutina. Se fai la meditazione a casa puoi anche accendere un incenso (che sia puro, oggi la maggior parte degli incensi sono pieni di profumazioni chimiche). Puoi accendere anche una candelina. Una luce fioca aiuta moltissimo e accentua il senso dell'intimità.

SEGRETO n. 3: pianificati la vita sulla base dei tuoi desideri e dei tuoi obiettivi.

È la prima cosa che faccio al mattino perché è prioritario, importante e urgente. Prioritario perché siamo fatti per sviluppare virtù e conoscenze; importante perché dà struttura a ciò che siamo, pensiamo, diciamo e facciamo; ed è urgente perché iniziare la giornata con un'ondata di energia positiva è essenziale.

In caso contrario, ci facciamo prendere dalla vita e quando è sera ci rendiamo conto di aver corso senza meta e un po' a caso, con il serio rischio di fare della propria vita un continuo correre senza direzione.

La meditazione può anche essere breve e di solo cinque minuti. In quel momento stacca da tutto, isolati. Stare con sé stessi è il modo migliore per essere in pace con se stessi e per migliorare le relazioni con gli altri, dal tuo compagno/a ai tuoi figli, colleghi, amici ecc. Meditare è una delle meraviglie del mondo.

Siamo purtroppo abituati a credere che il senso della vita e gli aspetti del vivere legati alla gioia, al sentirsi appagati abbiano a che fare con persone e cose che appartengono al mondo esterno.

Di fatto ignoriamo quasi del tutto che c'è la possibilità concreta di sentirsi appagati con o senza proprietà o relazioni d'amore, indipendentemente da quello che abbiamo e da un compagno. Sembra incredibile ma è proprio così.

La meditazione, in sintesi, consiste nell'affinare alcuni processi che facciamo spontaneamente nella vita. Chiudiamo gli occhi regolarmente e spontaneamente quando un dolore (o una gioia forte) ci sovrasta.

Facciamo un'espirazione lunga quando qualcuno che ci innervosisce o infastidisce esce dalla stanza. Inspiriamo profondamente quando ci accingiamo a iniziare un compito importante.

Il nostro corpo, spontaneamente, ci induce a fare qualcosa per allinearci subito, prima di intraprendere un'attività fisicamente impegnativa come può essere un servizio a tennis o poco prima di un calcio di rigore.

Lo Yoga e la meditazione sono sviluppi intelligenti di automatismi spontanei, insiti in noi e nella natura, come lo sbadiglio quando siamo stanchi, lo stirarsi appena svegli oppure il piegarsi della canna di bambù quando il vento soffia.

Tutto ciò è alla base primordiale di un sapere senza tempo che fa sì che ogni essere quando si sveglia si stiri per bene e apra le braccia al cielo e al nuovo giorno.

La meditazione è lo sviluppo di quello che fanno i gatti e i cani quando sembra che dormano ma in realtà sono lì, in una sorta di quieto stato di attenzione, pronti a difendersi o attaccare.

La meditazione ci dà la possibilità di sperimentare il senso dello stare bene con sé stessi. È un'esperienza che tiene vivo lo stupore che hanno i bambini quando vedono la rugiada o la neve per la prima volta, anche se hai ottant'anni e mille cose da gestire.

Quando si esce dalla meditazione siamo pervasi di gratitudine e di gioia, siamo freschi e ricaricati di nuova energia universale. Usciamo fuori dalla meditazione sempre meglio di come stavamo prima di iniziare, sempre pronti a ributtarci nella mischia con rinnovato vigore: abbiamo più potere e siamo pronti ad essere il super-eroe di noi stessi, a dare il massimo e fare del nostro meglio.

Ci si sente super papà, super marito o super amico, comunque super e con una marcia in più.

Mi piace tantissimo meditare: infonde buon umore e buona energia a me e a chi mi sta vicino, compreso lo spazzino o la donna che pulisce le scale e che mi dicono spesso. "Quando tu mi saluti, il mondo mi si illumina".

La meditazione puoi registrarla con la tua voce o la voce di una persona cara. Dura circa 20 minuti. Personalmente io faccio meditazioni tendenzialmente brevi. Sono un karma yogi, predisposto allo yoga dell'azione.

Quando posso, medito 30-45 minuti o più, ma nella norma 20-25 minuti. Spesso medito quando lavo i piatti, cucino, cammino. Quando c'è un momento difficile stacco sempre e mi ritrovo in un minuto o due di introspezione, dove semplicemente mi riempio di luce e mi focalizzo sui miei principi guida, amo molto meditare anche camminando.

Magari vado in bagno o esco un momento, seduto su una panchina di qualche parco o giardino pubblico o in qualsiasi altro luogo. Pochi minuti e poi ritorno. Abile nelle risposte e sempre più abile ad agire in alternativa al reagire.

In appendice potrai trovare una meditazione di base e ci potrai mettere le intenzioni più idonee a te. La meditazione di base è la sintesi di quarant'anni di percorso. C'è dentro il meglio di tanta ricerca e di varie tecniche che ho appreso con diversi maestri, come per esempio una tecnica di utilizzo del prana molto simile al

Reiki, appresa ad Auroville da un insegnante di Pranic Healing.

Entrambe usano l'energia per dare sollievo ed equilibrio psicofisico. Il conduttore disse che questo momento storico è il momento dell'auto-iniziazione. Che cosa vuol dire questo? Vuol dire esattamente che la meditazione va personalizzata e adattata alle nostre esigenze.

È come un abito. Questo concetto mi colpì moltissimo e mi fece riflettere tanto. Molti maestri e formatori hanno sviluppato delle sequenze meditative per argomenti, che rispecchiano appieno questo concetto: adattare la meditazione a problematiche specifiche. Quello che ti insegnerò è di personalizzare perché c'è un percorso per ognuno di noi, i maestri ti aiutano ma solo tu puoi farlo.

Prendiamo spunto dagli insegnamenti, ci mettiamo la nostra creatività e plasmiamo qualcosa di unico per noi; diversamente rischiamo di diventare dei pappagalli, magari abili nel ripetere "coca cola" e avvinghiarci su noi stessi con posizioni allucinanti, ma sempre pappagalli. La maggior parte delle meditazioni fanno bene e danno un senso di benessere "superiore". Il rischio è che poi diventiamo dipendenti dall'insegnante e può facilmente capitare che oltre a cose positive ci vengano poi trasmesse cose che non sono sane e che non ci appartengono con il rischio di indebolire il nostro senso critico.

Mettici le cose più importanti per te in questo momento con delle asserzioni positive. Se ad esempio ti senti solo e la solitudine ti pesa, puoi metterci un'affermazione del tipo: "Senza una grande solitudine nessun lavoro serio è possibile (Pablo Picasso)".

Oppure: "Chi non ama la solitudine, non ama neppure la libertà, poiché soltanto quando si è soli si è liberi" (Arthur Schopenhauer); o meglio ancora un'affermazione che crei tu.

Usa le citazioni degli altri quando non hai idee, e quando ti arrivano, metticele. È importante che tu riesca a sentire tua la meditazione il più possibile.

Dopo un pensiero che acquieta il tuo stato emotivo e che dia un senso allo stato in cui ti trovi, inserisci un pensiero affermativo su come uscire dalle tue problematiche, un pensiero del tipo: "Il momento più buio della notte è quello che precede la luce del mattino", o ancora: "Lascio andare e divento l'artefice del mio futuro". Visualizzo quello che voglio: amici, un compagno, sane relazioni sociali, tempo, salute, benessere economico, realizzazione personale e quello che per te è importante.

Dopo la meditazione, nella mappa ci metto delle azioni che voglio fare per uscire dalla solitudine. Ad esempio: a Sondrio, dove c'è il mio quartier generale, ho messo in piedi delle cene multietniche, così sto entrando in contatto con delle buone persone e con cui sto sviluppando delle sane amicizie, e al tempo stesso sono esempio di integrazione razziale, perché sto conoscendo culture e cucine da tutto il mondo, rimanendo nella città dove abito.
Mi sono iscritto a dei club che fanno camminate stupende nei sentieri della Valtellina e se avessi tempo mi iscriverei a dei corsi di danza latino-americana per mettere leggerezza nella mia vita. Imparare a ballare non guasta mai. Su Internet potete trovare delle indicazioni di gruppi che portano avanti i vostri interessi.

Ho preso come riferimento la solitudine, ma potrei parlare di paura, rabbia, odio, ansia o qualunque altra disarmonia che mi impedisce di stare bene con me stesso e con gli altri.

Ho messo in piedi un gruppo chiuso in Facebook che si chiama "IL MAESTRO CHE E' IN TE – MEDITAZIONI" dove puoi partecipare ed essere membro di un gruppo di persone che aspira e si impegna a crescere insieme meditando.

Se vuoi, puoi inviarmi una mail a: ilguruseitu@gmail.com e: potremo impostare insieme una meditazione per te e per le tue opportunità evolutive (così mi piace chiamare l'altra faccia dei problemi).

SEGRETO n. 4: trasforma i tuoi problemi in opportunità. Riprendi contatto con i tuoi ritmi fisiologici e con il tuo super io attraverso la meditazione e l'ascolto di te stesso.

Con il tempo ho capito che la cosa più importante per me è meditare e sviluppare essenzialmente la capacità di focalizzarsi. Oltre allo sviluppo della capacità di concentrazione, ci sono molti benefici connessi allo sviluppo del focus e cioè la capacità di distaccarsi dall'influenza degli organi sensoriali.

La capacità di non assolutizzare la realtà e ancor meno quella del momento, sviluppando la consapevolezza che oltre a una psicologia collettiva esiste una psicologia universale piena di buona energia e di grande potenziale; la capacità di permanere in uno stato di armonia e di benessere interiore indipendente dalla situazione che si sta vivendo nel mondo manifesto.

La capacità di lavorare sui propri limiti e sulle convinzioni erronee che abbiamo di noi stessi e acquisire sempre più la capacità di usare il nostro potenziale; la capacità di diventare maestri e medici di noi stessi.

Oramai sono passati quasi quarant'anni da quando iniziai a meditare. La cosa più importante che ho compreso è che inserendo nella meditazione i nostri obiettivi e principi guida mettiamo in atto un processo di superamento delle nostre convinzioni autolimitanti e sblocchiamo le nostre potenzialità creative.

Ho notato che spesso i meditanti sono legati a dei prototipi, sicuramente sani, ma che li rendono dipendenti dal rapporto con la loro scuola e maestro di riferimento. Così facendo, rimangono chiusi in una forma-pensiero che non è la loro, ma la forma-pensiero di qualcun altro.

Di qualcun altro che è diventato guru di sé stesso, proprio come possiamo farlo noi, rifacendoci alla tradizione, ma senza per questo rinunciare alla nostra individualità.

Lo scopo è quello di sviluppare talenti, virtù e obiettivi che sono inerenti all'individualità di ognuno di noi. Mi capisci? Non c'è nulla di male in questo. Spesso vogliono farci credere che è una sorta di egocentrismo, di presunzione ma, a mio vedere, è esattamente l'opposto. Sono arrivato alla conclusione che sia un diritto-dovere cercare di realizzarci a modo nostro.
L'altra corrente, quella che lavora sullo sviluppo personale, comprende scuole di pensiero di stampo occidentale, come la Pnl, l'intelligenza emotiva ecc., che pongono l'enfasi sulla missione personale e sul raggiungimento di obbiettivi inerenti ricchezza, successo professionale e personale.

I grandi maestri come Napoleon Hill, Jim Rohn, Tony Robbins, Stephen Covey ecc. usano metafore come lo scalare la montagna, e invitano a focalizzare i tuoi obiettivi, pianificarli e realizzarli. Benissimo! Possiamo unire il meglio di queste due tradizioni e creare la nostra personale metodica, funziona alla grande. La corrente orientale ti guida ad essere felice nel qui e nel momento che stai vivendo adesso. La via occidentale ti sprona invece a raggiungere mete e obbiettivi. Quello che stiamo facendo è un connubio dove i lati positivi di entrambe le visioni convergono per creare una sinergia e una integrazione importante.

Prendi i tuoi obiettivi: quello che vuoi essere e cosa vorresti avere come persona sul piano materiale per te e la tua famiglia, quello che vuoi per te (viaggi, divertimenti, oggetti, studi ecc.), quello che vuoi fare nella vita come servizio agli altri, un lavoro sicuro, oppure qualcosa che abbia a che fare con la tua creatività e abilità.

Potresti voler svolgere una professione militare, o nel commercio, un lavoro intellettuale o semplicemente un buon lavoro, ben retribuito. Puoi visualizzare quello che vuoi per te e quello che vuoi dare al mondo per renderlo migliore e più pulito, e quello che vuoi fare della tua vita per ringraziare Dio per il dono che ti ha fatto mettendoti al mondo.

Il concetto di Dharma si perde nell'alba dei tempi e si può definire come la più antica e completa mappa di sviluppo personale, strategie efficaci per raggiungere obiettivi sui vari piani dell'essere e della vita.

Nonostante risalga a millenni di anni fa, il suo valore è più che mai attuale per il semplice fatto che si basa su dei principi universali, al di là del fattore tempo, spazio e forma.

Inoltre, il perno è che ognuno di noi ha il potenziale intrinseco di realizzarsi nella vita, semplicemente perché siamo fatti a immagine e somiglianza del macro, siamo espressioni finite di qualcosa di infinito e tutto quello che c'è nel Creato – manifesto e non – è presente in noi, compreso il potenziale e le risorse infinite e illimitate.

Allo stesso tempo, e qui viene il bello, tutto ciò si manifesta in ognuno di noi in maniera unica e irripetibile. Ognuno di noi ha dei talenti e necessita di strumenti per realizzarli.

Sanatana Dharma indica il soddisfacimento del nostro giusto scopo nella vita in accordo alle nostre aspirazioni, ai nostri desideri. Secondo la tradizione vedica, quattro sono i traguardi nella vita: dharma, artha, kama e moksha.

Spesso le nostre aspirazioni non collimano con le aspettative dei nostri genitori e non coincidono con i modelli di vita proposti e/o imposti dal sistema familiare e sociale in cui viviamo. Quindi è importante che ognuno di noi rifletta sui suoi obiettivi.

Dharma include l'onore e la riconoscenza che otteniamo a livello professionale e sociale ed è legato alla carriera, a patto che la carriera sia affine alle nostre aspirazioni.

È importante comunicare questi principi ai nostri figli fin da bambini, per far capire loro che la vita ha una direzione e che la si gode se la si persegue, se sappiamo di essere nel nostro sentiero anche faccende noiose si fanno con spirito creativo e soprattutto motivato, come ad esempio studiare materie noiose. Se sappiamo che saranno strumenti utili ai fini dei nostri raggiungimenti lo sforzo si fa con amore e dedizione.

Artha significa accumulare beni per sé e per la progenie. Si riferisce all'acquisizione di risorse materiali utili a soddisfare il proprio Dharma ed è correlato al reddito e al benessere.

Ogni aspetto del Sanatana Dharma è strettamente connesso con gli altri. Nel caso di Artha è importante svolgere dei lavori in accordo alle proprie attitudini. Molti oggi svolgono compiti che non hanno a che fare con la propria natura.

Puoi essere un avvocato frustrato perché in te c'è un artista; un militare che dentro ha i semi di un commerciante; uno studioso costretto a svolgere mansioni umili che reprimono il suo potenziale e così via.

Kama essenzialmente significa "godersi la vita", gratificare i sensi e affinarli per sperimentare piaceri sempre più elevati, percepire la bellezza delle cose senza per questo dimenticarsi del resto e cadere nella trappola della dipendenza.

Si riferisce al nostro bisogno di felicità emotiva e sensoriale. Molte relazioni falliscono perché non si prendono lo spazio per gioire. I figli arrivano e tutto diventa lavoro e responsabilità. È importante ritagliare spazi per coltivare le proprie passioni e le relazioni. Il piacere è un carburante importante per muovere il motore del vivere quotidiano.

Moksha è correlato al nostro bisogno di crescita spirituale includendo la trascendenza dei primi tre traguardi. Qui sono importanti lo studio, la meditazione, lo sviluppo delle doti e delle virtù. Senza aspirazione all'essere si cade nella noia e nel meccanismo.

Dharma, Artha e Kama sono subordinati a Moksha che è lo scopo primario ed essenziale per l'essere umano, senza il quale gli altri non hanno alcun senso. I quattro traguardi della vita sono come una piramide che ha come base Kama e come vertice Moksha.

Bisogna essere felici, quindi soddisfare Kama per poter funzionare all'interno del mondo, bisogna avere le necessità materiali (Artha) per mantenere la felicità, abbiamo bisogno di sentire il riconoscimento degli altri (Dharma), ma lo scopo finale è comunque quello di acquisire nuovi talenti e abilità per arrivare alla realizzazione personale e alla liberazione dal dolore (Moksha), che è più facile da ottenere se i primi tre traguardi sono stati raggiunti.

Quindi, la prima cosa da fare per giungere dove si vuole è costruire una mappa, un percorso con le destinazioni finali. Una volta descritte è il momento di caricarle di intenzione, di volontà forte, determinata.

Nell'intenzione c'è un potere creativo illimitato che giorno dopo giorno si sprigiona e ti porta le soluzioni, le intuizioni per arrivare dove vuoi. Adesso puoi prendere queste intenzioni e collocarle nelle tue meditazioni. Capisci?

Ti sto dicendo di prendere le tue intenzioni e metterle dentro la *tua* meditazione. Puoi usare lo schema della meditazione che ti propongo e inserire le intenzioni per ogni punto energetico (sommità del capo, terzo occhio, centro della gola, centro del cuore, ombelico, centro al basso ventre e coccige) e per ognuno di questi punti (che corrispondono ai chakra e alle ghiandole endocrine responsabili della creazione, delle secrezioni ormonali che, a seconda dei tuoi pensieri, avvelenano o guariscono) prima crei spazio, poi metti luce e infine obiettivo e intenzione.

In questo modo la tua mappa degli obiettivi ti entrerà dentro, nei livelli subliminali del tuo essere e letteralmente "chiamerai" le forze dentro e fuori di te per portare i tuoi desideri dal piano invisibile al piano visibile.

Questo è il primo passo. Quali sono i vantaggi? Che intanto ti aiutano a goderti meglio il "qui e ora", indipendentemente da quello che hai, e soprattutto ti danno una direzione per diventare sempre più indipendente dalle circostanze oggettive. Sei tu che cambi e modifichi la realtà. La tua realtà. Puoi farlo.

SEGRETO n. 5: Ferma nella mappa quello che desideri e radica i tuoi obiettivi con il processo della meditazione.

RIEPILOGO DEL CAPITOLO 1:

- SEGRETO n. 1: abbiamo una cosa bellissima da fare nella vita: Realizzare la nostra missione personale, il nostro Sanatana Dharma.
- SEGRETO n. 2: la vita è in continuo mutamento. Tutto è transitorio. Cambiare è un bene prezioso. Vedi questa verità come un'opportunità rara.
- SEGRETO n. 3: pianificati la vita sulla base dei tuoi desideri e dei tuoi obiettivi.
- SEGRETO n. 4: trasforma i tuoi problemi in opportunità. Riprendi contatto con i tuoi ritmi fisiologici e con il tuo super io attraverso la meditazione e l'ascolto di te stesso.
- SEGRETO n. 5: Ferma nella mappa quello che desideri e radica i tuoi obiettivi con il processo della meditazione.

Capitolo 2:
Siamo fatti di polvere di stelle

Ti è mai capitato di sentirti dire: "ma pensi di essere Dio?". Ebbene sì. Lo sono e lo sei anche tu! Mi piace rispondere così. Al di là del fatto che poi uno lo sia (convinzione orientale) oppure no (convinzione occidentale).

Sicuramente siamo molto ma molto di più di quello che ci hanno portato a credere di noi, e senz'altro il potenziale che abbiamo dentro è davvero poco sfruttato.

Giorno dopo giorno entrano nella mia pelle la bellezza e la consapevolezza dell'assoluto e di come le stesse leggi e gli stessi elementi, tanto quelli sottili quanto quelli grossolani, compongano me, te e tutto il resto. Dentro di noi ci sono le stesse potenzialità che vediamo nell'universo.

Scriverò molto sull'argomento, ma per il momento facciamo una sintesi di massima, una sintesi che si basa su una delle conoscenze più stimolanti che ti possano mai capitare nella vita: l'Ayurveda.

L'Ayurveda non è né una filosofia, né una scienza e neppure una religione. A me piace pensarla come una sintesi preziosa che sta dietro a tutto ciò. Le sue origini si perdono nel tempo e le prime tracce scritte si trovano nei primi libri dell'umanità: i Veda, i più antichi testi scritti dall'umanità.

Mitologicamente parlando è nata con la vita e infatti si occupa prettamente di essa, di come viverla bene e a modo tuo, senza per questo dimenticarti che sei parte del tutto. Quando ce ne dimentichiamo, usciamo dalla saggezza, dalla salute e dalla longevità ed entriamo nell'ignoranza, nel dolore e nella malattia.

Quando sei allineato con le leggi che regolano la vita, sviluppi empatia per madre terra, le persone che ti stanno accanto e smetti di litigare con te stesso e con gli altri. Diventi un produttore di estasi, di *ananda*, una sostanza che i tuoi ormoni producono spontaneamente e che assomiglia vagamente alle endorfine. Il risultato è che stai bene con te stesso. Ami chi ti sta vicino e sei sereno anche quando sei solo. Fantastico.

Uno dei maestri contemporanei più noti al momento è Eckhart Tolle. Ha scritto dei libri bellissimi. Non perderti *Il potere di adesso* e *Come mettere in pratica il potere di adesso*, semplicemente superbi. Si dice che prima di raggiungere la pace e lo stato di *ananda*, Tolle abbia vissuto come clochard per anni.

Una volta, nei pressi di portici di Porta ticinese, a Milano, ho incontrato una clochard che dormiva sotto i portici. Era seduta sul suo letto improvvisato, avvolta in un multistrato di coperte e leggeva quel libro. Aveva uno sguardo così felice. Avrei voluto parlarle, ascoltarla. Se un giorno la incontro ancora, giuro che lo faccio.

Sempre a Milano, fuori dalla bellissima Biblioteca civica del Parco Sempione (amo le biblioteche civiche e quella del Parco Sempione è stupenda, le pareti sono di vetro e da dentro puoi vedere il parco, la natura, gli uccelli, le anatre, gli alberi, il cielo mentre scrivi o leggi. Un'atmosfera davvero magica) c'era un clochard che dormiva lì.

Aveva uno sguardo così saggio e in pace. Tutto ciò mi fa venire in mente i Sadhu dell'India, pellegrini nudi e scalzi che percorrono l'India a piedi, proprio come un tempo facevano i pellegrini qui in Europa.

Ananda ha tante facce, e se Dio è come un ladro che arriva nella notte, similmente puoi trovare chi è in pace con sé stesso in varie situazioni. Non intendo certo dire che bisogna essere dei senzatetto per avere la quiete, ma il fatto è che corriamo il rischio di perderla se ci identifichiamo in modelli che ci allontanano da noi stessi. Se perdiamo il qui e l'ora e se corriamo senza mai contemplare la bellezza che ci avvolge e i doni preziosi di cui disponiamo, a partire dal cuore che batte.

L'Ayurveda quindi descrive con estrema minuzia la vita: dai piani non manifesti fino agli elementi più grossolani e tangibili.

In questo libro non intendo essere esaustivo sull'argomento e quindi sorvolerò su quello che sta a monte e vado direttamente a uno dei principi più funzionali al nostro scopo: "essere liberi, ma non stupidi". Significa fare riferimento, nella propria vita, alla saggezza e alla maestria degli uomini di conoscenza, senza rimanere intrappolati o, peggio ancora, asserviti.

SEGRETO n. 1: la legge della sinergia ci insegna che siamo divini. La vita la godiamo quando percepiamo questo in noi, in chi ci sta vicino e per il mondo.

L'Oriente ci insegna che gli elementi presenti in ogni cosa sono cinque e sono i mattoni della vita sia materiale sia psichica:

Saggezza dell'etere
Rappresenta lo spazio, la sua qualità essenziale e il suono. È collegato al vento e simboleggia il principio di sottigliezza.

Potere dell'aria
Nella struttura dell'universo l'aria rappresenta il moto. La sua qualità essenziale è il tatto. Il suo principio è quello della propulsione.

Purezza del fuoco
Nella struttura dell'universo il fuoco rappresenta l'energia. La sua

qualità essenziale è l'apparenza. È collegato al sole e incarna il principio di conversione e trasformazione.

Freschezza dell'acqua
Nella struttura dell'universo l'acqua rappresenta la coesione. La sua qualità essenziale è il gusto. È collegata alla luna. Simboleggia il principio del raffreddamento.

Stabilità della terra
Nella struttura dell'universo la terra rappresenta la massa. La sua qualità essenziale è l'odore. È collegato alla luna e incarna il principio di solidità.

Questi 5 elementi interagiscono tra di loro in maniera sinergica:

L'etere, che è immobile, fa l'amore con il vento che è super dinamico, creando prana: vita, energia.

Il fuoco e l'acqua coesistono in armonia e danno il calore che serve alla vita.

L'acqua che fluisce e la terra in sé statica ci danno struttura e coesione. Anche se diversi e opposti in natura, questi cinque elementi o elementi di base sanno "convivere".

Quindi, quando pensiamo che siamo troppo diversi per stare insieme è bene riflettere su queste capacità sinergiche.

Il mio amico e maestro S.V. Govindan, che ha reso il massaggio ayurvedico famoso in Occidente, amava dire: "No competition but cooperation". Viveva in una comunità di 18 persone e tutte le decisioni si prendevano insieme e all'unisono.

Se in 17 la vedevano in un modo e una persona in un altro, la decisione non si prendeva. Bellissimo esempio di intelligenza relazionale.

Ma torniamo ai principi di base dell'Ayurveda. Il corpo umano in sé è un microcosmo dell'universo. I cinque elementi strutturali sono presenti in noi e nel loro aspetto biologico al nostro interno e sono conosciuti come dosha o umori. Creano e influenzano continuamente tutte le attività e funzioni del corpo e della mente.

Muovono l'ologramma corpo mente. Tutto nel mondo e nell'universo è basato su questi elementi. Questi elementi, combinandosi, danno origine alla vita che si esprime con i tre dosha. Le tre forze biologiche.

L'Ayurveda non è altro che la scienza dei dosha. Queste forze sono eterne ed erano in azione da sempre. Migliaia di anni fa, i primi saggi vedici le hanno definite così come sono oggi. Per questo che l'ayurveda è una scienza eterna, perché si basa su leggi immutabili che esistono da sempre.

Il significato letterale del termine sanscrito "dosha" è "predisposto al difetto" perché quando le circostanze fanno sì che un particolare dosha si accumuli in eccesso o si aggravi, ciò crea squilibrio e i dosha letteralmente "traboccano" dalle loro sedi.

Ciascuno di noi ha una propria "soglia", e quando questa viene raggiunta si verifica uno squilibrio temporaneo nei dosha, noto come vikriti (che letteralmente significa "squilibrato"). Se non viene tenuto sotto controllo, questo squilibrio diventa cronico e iniziano i problemi di salute.

Il nostro scopo è quello di far rientrare lo squilibrio nella nostra matrice originale, quella con cui siamo nati. In equilibrio dinamico i dosha conferiscono salute, mentre in squilibrio causano disordini e infermità.

Questi dosha sono rispettivamente vata, la forza del vento, pitta la forza del fuoco e kapha la forza dell'acqua. I dosha influenzano ogni aspetto della nostra vita. Vata è freddo e secco e racchiude in sé i principi dell'etere e dell'aria. È in relazione al sistema nervoso e muove tutto.

Prana o energia è il suo principale attributo. Cos'è Prana? Prana è l'essenza sottile del vata, ha sede nel sistema nervoso centrale ed è localizzato anche nel cervello, nella testa e nel torace. È quella forza che rende gli uomini di pensiero e gli artisti geniali, illuminanti nel loro dire, come ad esempio i filosofi, i musicisti.

Pitta è caldo. Racchiude in sé i principi del fuoco e dell'acqua. Regola il metabolismo, la digestione e la trasformazione. Il suo principale attributo è tejas.

Tejas rappresenta la forza e la brillantezza interiore. È una forza energetica insita nei processi metabolici di ogni cellula. È responsabile della buona digestione dei pensieri, delle emozioni e dei cibi. È quella luminosità tipica dei giovani, che li rende irresistibili, conferendo loro fascino.

Kapha è pesante, umido e freddo. Racchiude in sé i principi dell'acqua e della terra. Dà la forza muscolare e tessutale. Il suo più importante contributo alla vita è ojas.

Ojas rappresenta la forza fisica, psicologica e spirituale; è il campo vibrazionale sottile che pervade totalmente il corpo e la mente, la linfa e il fluido che attiva e mantiene tutti i processi vitali.

È l'aurea radiante che pervade i bambini nei primi anni d'età. Quella forza che li rende attraenti. Kapha è responsabile dei liquidi del corpo, dagli enzimi digestivi ai fluidi cerebrospinali, alla lubrificazione delle articolazioni ecc.

Siamo fatti di questi elementi e di queste forze e tutto ciò si mescola creando in ognuno di noi delle copie simili ma nello stesso tempo uniche della vita, delle copie dell'universo, con caratteristiche corpo-mente proprie e individuali.

Nell'uomo le tre forze danno origine a dieci tipologie ben specifiche con delle attitudini chiare, con punti forza e punti deboli ben specifici.

- Costituzioni pure: vento, fuoco, terra (rare) in cui le qualità di un dosha sono dichiaratamente evidenti.
- Costituzioni combinate: vento-fuoco o fuoco-vento, vento-terra o terra-vento, fuoco-terra o terra-fuoco (le più comuni).
- Costituzione equilibrata dove le tre forze si combinano in equilibrio tra di loro spontaneamente (la più rara).

Fate caso a quando si dice di una persona che è focosa, oppure lenta o veloce. Il nostro sapere archetipico, l'alfabeto della vita ci dice che in quella persona predomina il fuoco oppure l'aria o la terra.

Così è nelle varie fasi delle età. Perché i bambini sono cicciottelli, predisposti al muco e alle otiti? Semplice, in loro predomina il bio-umore dell'acqua responsabile della crescita e della coesione.

Perché nell'adolescenza si diventa impetuosi e il viso si riempie di acne? A causa della fase fuoco che avanza. Perché dai cinquantacinque anni in poi arrivano i dolori e la pelle rinsecchisce? Perché più l'età avanza e più ci riduciamo come un chicco di uva secca? Perché il vento avanza e asciuga.

Ogni dosha ha le sue qualità, i suoi punti forza e i suoi punti deboli. Se non si tengono in considerazione la costituzione e il momento che stiamo vivendo, ogni programma rieducativo e/o di sviluppo personale, ogni programma di crescita personale, per il peso ideale, per un equilibrio individuale, ogni approccio alimentare vegano o no che sia, funzionerà solo parzialmente o peggio potrebbe addirittura creare danno.

Per motivi di spazio, in questo libro non entrerò nei dettagli dei principi ayurvedici che ci permettono di comprendere al meglio la nostra natura.

Se qualcuno fosse interessato ad approfondire l'argomento, può inviarmi una mail a ilguruseitu@gmail.com e io gli manderò gratuitamente un pdf esplicativo e dettagliato.

SEGRETO n. 2: conosci l'alfabeto della vita per conoscere meglio te stesso e rapportarti al meglio con il mondo circostante e le persone intorno a te.

"Le tre costituzioni sono aria (vata), fuoco (pitta) e acqua (kapha). A seconda del fatto che siano malate o sane, esse distruggono o mantengono in salute il corpo".

Ashtanga Hridaya Samhita, 1200 a.C.

Le combinazioni sono infinite. Come abbiamo visto, l'ayurveda le riassume in 10 tipologie base.

Un breve glossario:
Mono dosha = quando un dosha è prevalente. Bi dosha = quando due dosha sono più o meno equivalenti. Tridosha: è molto raro e i tre dosha sono presenti in maniera equilibrata.

Caratteristiche principali della costituzione vata
Le persone vata sono magre, molto alte o molto basse, pelle secca, molto dinamiche, hanno sempre fretta, sono sensibili ed entusiaste.

In equilibrio è una persona entusiasta, creativa, dinamica, vigile, vitale. Quando va fuori controllo a livello emotivo, subentrano: ansia, nervosismo, paura, confusione, sofferenza, tristezza, insicurezza, mancanza di integrità, di creatività, sbalzi d'umore e mancanza di comunicazione. Ipocondria.

Quando va fuori controllo a livello fisico subentrano: ventre gonfio, dolori articolari, mal di schiena a livello lombare, muscoli indolenziti, mestruazioni irregolari, insonnia, costipazione.

Caratteristiche principali della costituzione pitta
Solitamente le persone di costituzione pitta amano gli sport e sono molto flessibili. Il loro metabolismo funziona bene e digeriscono tutto. La loro struttura muscolare e ossea è moderatamente sviluppata.

Le persone di costituzione pitta sono intellettualmente forti, pronte e metodiche. Sono leader, scienziati, politici, uomini d'affari, guerrieri.

Possono facilmente accendersi diventando gelosi, passionali, aggressivi. Hanno un forte appetito e se non mangiano quando sono affamati diventano irascibili.

In equilibrio sono: acuti di pensiero, illuminanti nel loro pensare. Vista eccellente e sguardo penetrante, di buon appetito e di buona digestione. La loro pelle è bella e morbida.

Quando vanno fuori controllo a livello emotivo diventano: ambiziosi, invidiosi, predisposti alla rabbia, temono l'insuccesso e la sconfitta, tendono all'odio, al giudizio e alla critica, al linguaggio provocante e acido, diventano orgogliosi, scettici e di poca obiettività.

Quando vanno fuori equilibrio fisico manifestano: vampate di calore ed eccesso di sudore, gastriti che possono degenerare in ulcere, occhi arrossati, mal di testa ed emicranie.

Caratteristiche principali della costituzione kapha
Le persone di costituzione kapha sono di corporatura grossa, pesante. Non amano essere sotto pressione e hanno un ritmo lento. Si prendono il loro tempo. Sono forti e possono sostenere attività fisiche impegnative. Prudenti di natura, sicure di sé e calme anche se sotto pressione.

L'affidabilità, la pazienza, la cortesia le rendono affidabili negli affari e facoltose. Hanno un bell'aspetto, un po' pacioccone; con forme morbide e tonde e capelli scuri, spessi e forti. Tendono ad avere la pelle grassa.

In equilibrio sono: persone pacate, coraggiose, predisposte al perdono e alla tolleranza. Possiedono l'energia della madre che sostiene, incoraggia, comprende e accetta con magnanimità. Quando vanno fuori controllo a livello emotivo diventano: indolenti, noiose, negative, avare, scortesi, di pochi interessi, depresse, con comportamenti ossessivi.

Quando vanno fuori controllo a livello fisico presentano: digestione lenta, raffreddori, cattiva circolazione, bronchiti, tumori, in particolare al seno e ai polmoni. Tendono a ingrassare, sono apatiche e di carnagione pallida.

In sintesi, quando c'è dolore, c'è vata in eccesso. Quando c'è infiammazione c'è pitta in eccesso e quando c'è accumulo è kapha che eccede.

SEGRETO n. 3: essere diverso è assolutamente normale e siamo un ologramma corpo-mente unico. Se sai chi sei, puoi fare quello che vuoi e lo fai al meglio. I dosha creano la nostra forma corpo-mente.

Dinamiche tipicamente vata:
    Avere fame in qualsiasi momento del giorno e della notte
    Amare l'eccitazione e il movimento continuo
    Andare a letto a ore diverse, saltare i pasti e avere abitudini irregolari
    Digerire bene un giorno e male quello successivo
    Provare emozioni di breve durata e dimenticare facilmente
    Mangiare in fretta e bruciare tutto
    Lottare per prendere peso.

Consigli per vata:
  Schema di vita regolare
  Evitare il freddo
  Mangiare cibi cotti, caldi e liquidi.
  Ridurre cibi freddi, asciutti e crudi perché la sua digestione è difficoltosa.

Dinamiche tipicamente pitta:
  Perdere il controllo quando si è affamati e il pasto non è pronto
  Vivere in base all'orologio ed essere infastiditi se si perde tempo
  Svegliarsi di notte assetati o affamati
  Prendere in mano le situazioni
  Avere un forte senso dell'onore
  Essere esigenti, sarcastici e ipercritici
  Sviluppare sensi di colpa e di inadeguatezza
  Camminare con passo deciso
  Anoressia o bulimia
  Tendenza a comportamenti auto-distruttivi
  Abusare di alcolici ed eccedere con il cibo.

Consigli per pitta:
- Non mangiare quando si è arrabbiati
- Mangiare in posti rilassanti
- Privilegiare una dieta il più possibile vegetariana
- Privilegiare cibi freschi e naturali, freddi e crudi
- Evitare lo speziato pungente
- Ridurre al minimo la carne
- Seguire uno stile di vita distaccato e non eccessivo nelle regole.

Dinamiche tipicamente kapha:
- Tendenza all'obesità
- Digestione lenta
- Fame moderata
- Cercare conforto emotivo nel cibo
- Corporatura solida
- Tranquillità e affettuosità
- Tolleranza e compiacenza
- Possessività
- Difficoltà a svegliarsi
- Lotta contro il peso eccessivo (per tutta la vita).

Consigli per kapha:
- Mangiare solo quando si ha fame
- Evitare cibi fritti, oleosi e latticini specie se di mucca o bufalo
- Privilegiare cibi leggeri e caldi
- Fare un digiuno alla settimana a base di liquidi.

Per capire meglio i tuoi punti forza e deboli e a che costituzione appartieni, scrivimi a ilguruseitu@gmail.com

SEGRETO n. 4: se conosci i tuoi punti deboli e i tuoi punti di forza, puoi mantenere il tuo equilibrio facilmente.

Non esiste una costituzione migliore di altre. Tutte hanno dei punti di forza e dei punti deboli. Lavorare sui punti deboli ci mantiene in salute e non ci fa annoiare. Ogni tipologia può manifestarsi in opere d'arte o in incubi della peggior specie. Circondati di persone vata, pitta o kapha di qualità.

L'ayurveda ci insegna a individuare le persone vata, pitta e kapha nei vari livelli di qualità senziente, passionale o statica.

I tre guna o qualità psico-spirituali e psico-relazionali
Indipendentemente dal fatto che si possa essere di costituzione vata, pitta o kapha possiamo essere solari, irascibili o pesanti. I Veda inglobano queste modalità nelle tre qualità che determinano la nostra costituzione mentale e che, come nei dosha, generano una costituzione unica.

Queste tre qualità si chiamano Guna e ci permettono di capire molte cose, tra cui le qualità attitudinali delle persone che ci circondano.

Le tre forze sono:
Satva: principio senziente. Le sue qualità sono: luminoso, elevato, cosciente. Il suo colore è bianco e aspira alla conoscenza e all'elevazione personale.

Rajas. Le sue qualità sono: dinamico, attivo, passionale. Il suo colore è rosso. Competitivo, aspira al successo a qualunque costo.

Tamas: tende all'inerzia, è letargico e statico. Il suo colore è nero. Possessivo, indolente, egoista nella sua forma più grossolana.

Vata sattvico

Creativo e dinamico, intuitivo e generoso. I vata sattvici sono grandi comunicatori, socievoli, ottimi insegnanti, studiosi e uomini di guarigione.

Vata rajasico

Indecisi per natura. Grandi idee ma poca sostanza. Si autoboicottano. Possono divertire ma non sono affidabili. Tendono a fuggire dalle responsabilità. Ansiosi e preoccupati. Vedono il bicchiere mezzo vuoto e mettono carri davanti ai buoi.

Vata tamasico

Depresso, drammatico. Predisposto alle dipendenze e al suicidio. Di tanto in tanto resuscitano, fanno qualcosa in maniera iperattiva e poi ritornano all'indolenza.

Pitta sattvico

Leader solare e straordinario. Coraggioso, onesto. autorevole. Sa essere nel team e ascoltare. Pratico e di discernimento. Non si fissa solo sul successo nel lavoro e nella vita, ma dà altissima importanza alla crescita personale e relazionale, sua e degli altri.

Pitta rajasico

Aggressivo. Vuole controllare sempre e non sa delegare. Nessuno è bravo come lui. Abile nel far risaltare le debolezze altrui per imporre sé stesso. Fa di tutto per prevalere e primeggiare. Non ha etica. Vede o nero o bianco e non coglie le sfumature. Lui ha sempre ragione e gli altri sono responsabili quando le cose vanno male.

Pitta tamasico

Violento. Ira allo stato puro. Usa la sua abilità dialettica e le parole per distruggerti. L'odio è parte di lui. Non puoi farlo ragionare. Tendente all'aggressione e all'omicidio.

Kapha sattvico

Chi trova un amico trova un tesoro... La miglior definizione per un kapha sattvico. Sa ascoltare con attenzione, non giudica, dà buoni consigli. Allegro e ponderato nella sua solarità. Rispettoso delle regole di buona condotta e del prossimo. Forte per natura e focalizzato sugli obiettivi ma con gentilezza. Evita il conflitto ed è riservato.

Kapha rajasico
Goloso, obeso, pigro. Ti fa sentire impotente. Possessivo fino a livelli morbosi. Ha sempre dei buoni motivi per procrastinare. Usa la sua intelligenza per demotivarti.

Kapha tamasico
Ristretto di mente e di vedute chiuse. Bigotto. Mangia senza criteri e il cibo è per lui la cosa più importante nella vita. Può arrivare a mangiare quantità impressionanti. Non sa che cos'è l'autocontrollo, è privo di etica e per avere quello che desidera passerebbe sopra qualsiasi principio. Privo di discernimento. Ottuso e di scarsissimo intelletto.

Adesso che sei stato informato puoi applicare queste conoscenze per stare alla larga da tamas. Circondati di persone orientate su sattva e coltiva abitudini sattviche. Prendi il meglio e punta al meglio nelle tue relazioni.

C'è una preghiera stupenda ed è la preghiera della serenità del pastore protestante Friedrich Christoph Oetinger:

"Signore, concedimi la serenità di accettare le cose che non posso cambiare;
la forza ed il coraggio di cambiare le cose che posso cambiare;
e la saggezza di conoscerne la differenza.
Vivendo un giorno alla volta;
godendo di un momento alla volta;
accettando le avversità come la via alla pace;
prendendo, come egli stesso ha fatto,
questo mondo di peccati com'è, e non come lo vorrei io;
fidandomi che egli farà tutto giusto se mi arrendo alla sua volontà;
che io sia ragionevolmente felice in questa vita
e supremamente felice con lui per sempre nella prossima".

Le prime tre frasi sono illuminanti. Mi hanno salvato la vita più volte. Le avessi conosciute prima, avrei risparmiato molti soldi, tempo e salute.

Conoscere le attitudini dei dosha tamasici e rajasici, poi, è ancora meglio. Tamas va lasciato immediatamente nel suo brodo e rajas più o meno la stessa cosa. Dai loro una o due chance, non di più.

Stephen Covey afferma che "l'uomo è l'unico essere che può cambiare il pelo e il vizio". Vero. Io aggiungo: "se lo vuole". Ho impiegato trent'anni per capire questa non sottile differenza.

Il mio idealismo unitamente al voler "vedere il bene in ogni persona" mi hanno creato non pochi problemi. Spesso le persone che amano conoscere e sono piene di principi di solidarietà e amore universale sono letteralmente preda di vampiri energetici. Costoro sanno bene come sfruttare al massimo le tue attitudini.

Ho perso tanto, troppo tempo con persone che mi hanno spremuto come un limone. Persone che quando mi rendevo conto che era meglio andarmene, facevano appello ai buoni principi in cui credevo e in cui credo per tenermi lì.

Un giorno ho letto il pensiero del pastore Christoph e ho capito. Lascia perdere chi non cambia le sue debolezze, chi non vuole lavorare sulle sue debolezze, chi non sa confrontarsi e mettersi in discussione, chi non vuole salire dal Tamas a rajas e da Rajas a Sattva.

Spesso questi vampiri energetici si nascondono dietro maschere di vegetarianismo e portano avanti uno stile di vita super purista. Sono molto attenti all'immagine e si curano di questo alla follia perché sanno che nutrirsi bene dà forza e la usano per dominarti e asservirti.

La mitologia indiana è piena di demoni che praticano Yoga per acquisire poteri e ottenere doni dagli dei. Ovviamente non critico l'attenzione al nutrirsi bene e al prendersi cura di sé, aspetti importanti che vedremo più avanti.

Invito semplicemente a porre attenzione ai motivi o alle intenzioni per cui ci prendiamo cura di noi stessi. Potrebbe essere, al posto del senso di responsabilità e d'integrità dell'essere e dell'agire etico (rendere migliori sé stessi e il mondo che ci circonda) un senso di vanità e un bisogno di potere, basato sull'apparenza e sul riconoscimento esteriore.

Stephen Covey mi ha insegnato che c'è una differenza abissale tra le due motivazioni.

SEGRETO n. 5: conoscere le qualità dei guna (sattva, rajas e tamas) ti salva la vita e ti dà relazioni felici. Punta a sattva e a persone (vata, pitta e kapha) sattviche.

RIEPILOGO DEL CAPITOLO 2:

- SEGRETO n. 1: la legge della sinergia ci insegna che siamo divini. La vita la godiamo quando percepiamo questo in noi, in chi ci sta vicino e per il mondo.
- SEGRETO n. 2: conosci l'alfabeto della vita per conoscere meglio te stesso e rapportarti al meglio con il mondo circostante e le persone intorno a te.
- SEGRETO n. 3: essere diverso è assolutamente normale e siamo un ologramma corpo-mente unico. Se sai chi sei, puoi fare quello che vuoi e lo fai al meglio. I dosha creano la nostra forma corpo-mente.
- SEGRETO n. 4: se conosci i tuoi punti deboli e i tuoi punti di forza, puoi mantenere il tuo equilibrio facilmente.
- SEGRETO n. 5: conoscere le qualità dei guna (sattva, rajas e tamas) ti salva la vita e ti dà relazioni felici. Punta a sattva e a persone (vata, pitta e kapha) sattviche.

Capitolo 3:
Come cambiare la tua matrix

Tutti abbiamo una routine. Per l'esattezza tutti abbiamo una matrice. Avete visto il film *Matrix*? Se non l'avete visto, fatelo di corsa.

È il film migliore per eccellenza per capire come noi crediamo di vedere, crediamo di volere, crediamo di avere dei principi e dei valori. Nella maggior parte dei casi quello che vediamo, quello che vogliamo e le cose in cui crediamo sono frutto di un volere che non è il nostro.

Il sistema è basato su valori di mercato e di consumo. Ci plagia con la e con la pubblicità, l'opinione pubblica è un forte strumento di manipolazione inconscia, i suoi valori dominanti sono basati sull'apparire e sul conformarsi a una psicologia basata sulla competizione, sul dominio e sulla violenza. Spesso e volentieri siamo plagiati da politici, uomini di spettacolo e della finanza e infine anche da formatori e maestri che sfruttano bene la rete e i mass media.

Tutti, di fatto, si alzano la mattina, vanno a letto la sera e nel mezzo fanno delle cose, più o meno quotidianamente. Tutti mangiano, tutti hanno delle relazioni. Quello che fa la differenza, tra una vita gioiosa e radiante e una lamentosa e insoddisfacente, è quanto questa routine sia attiva o passiva.

Stephen Covey, nel bestseller *I sette pilastri del successo*, dà una bellissima definizione del quadrante del tempo. In sintesi, differenzia le cose che si fanno nella vita in quattro parti: cose importanti, cose non importanti, cose urgenti e cose non urgenti.

Credo che la maggior parte delle persone viva trascinandosi tra le cose non importanti o urgenti e nei momenti di relax non urgenti, ma sempre tendenzialmente non importanti, senza rendersi conto che vivono dentro un labirinto, convinti che il mondo sia il pezzo di terra che lo contiene.

Siamo pochi ad aver letto e ancor meno capito davvero il

gabbiano Jonathan Livingston, libro che raccomando a tutti e che quarant'anni fa mi ha cambiato la vita. Testo in cui si parla dell'arte del volo e non di un volo finalizzato a un mero pescare per sopravvivere.

Il protagonista è un gabbiano cacciato dal branco perché ama volare e non vola solamente per nutrirsi. È un libro da leggere con i propri figli in fase adolescenziale. Stupendo. Ne è stato tratto anche un film. Lo puoi vedere su Youtube.

SEGRETO n. 1: concentrarsi sulle cose importanti e sviluppare le abilità necessarie al loro raggiungimento.

Non è una questione di tempo quanto di focus. Se il focus è mantenuto trovi anche il tempo. Prova a pensare quando ti piace una persona, ti ricordi quando ti sei innamorato? Non esistevano barriere, distanze, problemi. Vedevi solo le soluzioni giusto?

Personalmente uso le mappe mentali perché sono uno strumento perfetto per avere sott'occhio un progetto come la tua vita. Freemind è un programma gratuito che puoi scaricare gratuitamente. Ho disegnato la mia mappa mentale con i miei obiettivi divisi per i quattro principali aspetti del Dharma e me la guardo tutti i giorni al mattino, quando inizio la mia routine, felice di scegliermi la routine.

Sempre quarant'anni fa circa mi avvicinai allo yoga. Dopo essermi guardato intorno, frequentando diversi gruppi di yoga, meditazione e gruppi di preghiera, scelsi di seguire Ananda Marga.

Ānanda Mārga è conosciuta organizzativamente come Ānanda Mārga Pracaraka Samgha (Amps), cioè la Samgha (organizzazione) per la propagazione della *Marga* (sentiero) di *Ananda* (beatitudine).

Si tratta di un movimento sociale e spirituale fondato in India a Jamalpur, nello Stato del Bihar, nel 1955 da Prabhat Ranjan Sarkar (1921-1990), anche noto con il nome spirituale di Shrii Shrii Ánandamúrti.

L'Ananda Marga viene descritta come una filosofia pratica per lo sviluppo personale, il servizio sociale e la generale trasformazione della società. Il suo sistema di pratiche spirituali è stato anche spiegato come una sintesi della filosofia vedica e tantrica.

Attraverso i suoi centri di meditazione e progetti di servizio in diversi Paesi del mondo, l'Ananda Marga offre istruzioni sulla meditazione, lo yoga e altre pratiche sull'auto-sviluppo della leadership su base non commerciale.

L'Ananda Marga si differenzia dalle altre scuole di Yoga perché contiene una parte filosofica che contempla l'aspetto socio-economico e socio-politico. Avendo avuto un passato impegnato nel sociale, non mi bastava vedere la vita al pari di un'illusione, come spesso succede nella maggior parte delle scuole di Yoga.

Tuttora ritengo importante un lavoro di miglioramento personale e di intervento nel sociale. Anandamurti ha fatto un lavoro esemplare in merito, e sarò felice di condividerlo con te in futuro.

Avevo compiuto da poco diciotto anni quando mi avvicinai all'Ananda Marga e per sette anni divenne la mia vita sotto tutti i punti di vista. L'Ananda Marga è la scuola di Yoga più disciplinata che abbia mai incontrato nella mia vita.

La disciplina di questa scuola è condensata in sedici punti con tanto di regole e precetti da seguire scrupolosamente. Vi sono anche sei "sottopunti" che a loro volta si sviluppano. Ricordo ancora lo stupore con cui mi avvicinai ai sedici punti dell'Ananda Marga.

La giornata iniziava alle 4,45 del mattino e fino alle 19,00 era un tutt'uno di meditazione, posizioni yoga, abluzioni, letture, pranayama (respirazioni), quattro volte al mese digiuno, dieta super vegetariana, quattro meditazioni al giorno, osservazione dei codici morali (yama e niyama), docce fredde e bagni parziali svariate volte al giorno, unzioni, norme di condotta tra le più curiose…

Ero una macchina da guerra, super efficiente, ma scollegato dal mondo esterno. C'era il mio mondo, Ananda Marga, il guru e il resto, per cui la famiglia, gli amici di un tempo, le altre organizzazioni e scuole di pensiero erano considerate di serie B.

Se da una parte avevo trovato la bellezza e il potere di una sana routine, dall'altra ero entrato in una trappola. La trappola della presunzione di essere superiore, di possedere la formula magica. Ancora una volta, e come nel passato politico, io avevo degli ideali e la chiave in mano per cambiare le cose.
Un mondo che doveva seguire ciò che consideravo di valore supremo. Avevo fatto dell'opportunità un problema.

SEGRETO n. 2: non fare dell'opportunità il problema. La disciplina e le vie del sapere sono solo strumenti.

Non me ne vogliano gli amici dell'Ananda Marga e soprattutto non mi si fraintenda. Tuttora pratico molte delle cose che ho imparato in quegli anni, ma nel tempo ho capito che, se da una parte è giusto seguire dei principi guida generali, universali e che vanno bene a tutta l'umanità, è altrettanto importante comprendere che ognuno è diverso.

Ognuno deve costruirsi una matrice e una routine conforme alla propria costituzione e alla propria aspirazione. Il digiuno, l'uso dell'acqua fredda, l'alimentazione, gli asanas (posture fisiche dello yoga) e le meditazioni non vanno bene per tutti.

Non solo, nel mondo e nel tempo, la vita ci ha lasciato patrimoni di sane abitudini da tante culture e da tante razze, di tanti Paesi e di tante tradizioni. È importante, anzi fondamentale, avvicinarli, conoscerli, per raggiungere il primo diritto e il primo dovere dell'uomo: la libertà di conoscere per sé e per il prossimo.

Nell'82, nonostante il mio profondo amore per il Maestro e per l'Ananda Marga, sentii il bisogno di approfondire lo Yoga terapia, di avvicinarmi a uno yoga più scientifico, e così lasciai la sede nazionale Ananda Marga di Verona, all'interno della quale avevo già iniziato a insegnare Yoga, e dove rivestivo la carica di responsabile nazionale.

Mi trasferii a Villa Era nel Biellese e venni a contatto con Jiddu Krishnamurti, Giorgio Barabino e P.K. Warrier, responsabile dell'Arya Vaidya sala di Kottakkal, maestri e medici molto noti e stimati dagli operatori del settore.

Sono un uomo fortunato anche per questo, per aver conosciuto uomini che hanno fatto la storia e dato stimoli grandiosi. Il nocciolo del pensiero di Krishnamurti dice: "La verità è una terra senza sentieri".

L'uomo non la può raggiungere attraverso alcuna organizzazione, alcun credo, alcun dogma, prete o rito, né tramite alcuna conoscenza filosofica o tecnica psicologica deve trovarla tramite lo specchio delle relazioni, tramite la comprensione dei contenuti della propria mente, attraverso l'osservazione e non con l'analisi intellettuale o una dissezione introspettiva.

Con Krishnamurti e con Barabino iniziai a vedere che ci sono diversi modi di interpretare il pensiero orientale e cioè che il guru può essere spesso un ostacolo, e lo è, se smetti di pensare con la tua testa.

È quindi di primaria importanza maturare la capacità critica e di riflessione che ti portano a mettere/si in discussione. Sempre con Barabino, il dottor Warrier e Govindan entrai in contatto con l'ayurveda.

Con l'Ayurveda compresi che ci sono principi che ci accomunano tutti e principi che ci differenziano, fino ad arrivare a principi e aspetti che ci rendono unici, esclusivi e irripetibili.

Compresi che non esistono regole valide per tutti e che personalizzare non è un "ego trip", ma è, al contrario, indispensabile per esprimere al meglio la nostra umanità, il nostro peculiare modo di essere infiniti, in grado di compiere grandi opere, soprattutto la principale: vivere.

Vivere davvero, liberandoci da un concetto che crede che vivere sia sopravvivere. Senza una sana routine e sane abitudini, gli obiettivi, gli ideali, il Dharma e i principi guida della meditazione rimangono comunque concetti astratti.

La differenza che c'è tra un sogno e un progetto è avere dei principi chiari di riferimento. La differenza che c'è tra un progetto sulla carta e un progetto reale è data dalla disciplina, da un sano stile di vita.

Un sano stile di vita ti fa alzare volentieri dal letto la mattina presto, ti fa iniziare la giornata con buona musica, buoni profumi, buoni pensieri e atti d'amore per te e per chi ti è vicino. Un sano stile di vita ti porta verso Satva e una visione chiara di te e della vita.

"Cambiare Matrix" suggerisce un senso diverso dal concetto di "stile di vita". Mantiene costante la prospettiva del "perché" sei qui, in questo mondo e in questo corpo, nel posto in cui stai vivendo e con la gente che sta condividendo la tua vita.
Personalmente, non credo che si viva una vita sola. Credo nella reincarnazione, ma ancora di più credo nel vivere qui e ora, nell'essere un esempio bello per i miei figli, i miei amici e i miei allievi.

Non solo, mi piace moltissimo sentirmi amico del pianeta e delle persone che lo abitano, mantengo forte e costante queste attitudini perché ho una disciplina, una disciplina a mia misura, costruita *ad hoc* per me.

Prendo spunto dalle discipline di tutto il mondo, prendo esempio e mi costruisco il mio modello di disciplina, giorno dopo giorno.

Ci sono dei giorni in cui riesco a dare ore alla mia disciplina e altri in cui ho solo 30 minuti.

Durante il mio percorso, più volte ho abbracciato diversi stili di vita, regole di condotta, linee guida, principi di massima da rispettare, codici morali ed etici più o meno assoluti. Sicuramente mi hanno fatto bene, molto bene.

Innanzitutto, mi hanno insegnato il concetto di disciplina, che "si diventa grandi nel fare anche cose che non si amano fare", "no pain no gain", "se vuoi dei risultati lavora sodo" ecc.

Quando nel 1980 mi sono avvicinato allo Yoga e all'Oriente ho frequentato diversi gruppi (Hare Krishna, Osho, Villa Era, dove ho conosciuto il grande filosofo Jiddu Krishnamurti, Ananda Marga ecc.). In ognuna di queste scuole c'erano una disciplina e delle regole di condotta da seguire.

Nel 1993 ho seguito dei percorsi sulla meditazione Vipassana in cui si medita per dieci giorni, sei ore al giorno, mangi una sola volta al giorno e per tutto quel periodo resti in silenzio, in assoluto silenzio. Regole e disciplina dure ma bellissime da seguire.

Dal 1994 al 2000 ho vissuto ad Auroville, nell'India del Sud (nota con il nome di Mère, madre in francese) e a Pondicherry (ex India coloniale francese) primo villaggio globale che ospita più di 2000 persone provenienti da tutto il mondo.

Qui uomini e donne di culture e razze diverse, di ogni credo e riferimento politico vivono confrontandosi e condividendo arti e conoscenze. Ad Auroville non esiste la proprietà privata e l'individuo si mette a disposizione della collettività e la collettività pensa ai bisogni dell'individuo fornendo "il pane e le rose", garantendo i bisogni di base e stimolando le persone alla conoscenza, al senso del bello, al vivere in semplicità pensando con grandezza.

Auroville non è tutto rose e fiori, anche qui ci sono molte contraddizioni e ancora una volta l'attitudine a enfatizzare sugli insegnamenti della Mère e di Sri Aurobindo, sottovalutando le saggezze di altri maestri.

C'è comunque una parte della popolazione attenta e aperta e soprattutto si ha modo d'incontrare parecchie persone che arrivano da fuori e che sono in autentica ricerca.

Ad Auroville ho appreso svariati metodi di massaggio, meditazioni, stili diversi di yoga, Pranic Healing che è un incontro tra prana terapia e reiki. Ho massaggiato bambini poliomielitici dei villaggi locali mettendo in pratica le metodologie che apprendevo sia lì sia nei viaggi in Kerala, altro Stato dell'India del Sud confinante con il Tamil Nadu, dove si trova Auroville.

Qui ho conosciuto il mio vero e forse unico "maestro", Birendha, che si prendeva cura dei malanni degli asrhamiti di Sri Aurobindo sito in Pondicherry, a pochi chilometri da Auroville.

Shree Birendha è stato il massaggiatore della Mère. Birendha, in quanto maestro, è stata la persona più importante della mia vita. Probabilmente perché era semplicemente e meravigliosamente uomo, senza grandi e pompose sovrastrutture.

Fui l'ultimo allievo di Birendha prima che lasciasse il corpo, tre anni dopo avere avuto la fortuna di conoscerlo. In questo momento, mentre scrivo queste parole è l'alba, e nel sole che si alza sento il suo calore che tramite le sue mani entrava nei corpi delle persone che venivano a chiedergli di essere massaggiate.

Persone di tutti i ceti, anche molto poveri, che per ringraziare portavano un mango e qualche paisa (centesimi di rupia, la moneta indiana) che mettevano nella scatola delle offerte insieme alle offerte degli europei e degli stranieri, ben più cospicue.

Oltre a tutto questo, c'è stato poi l'approfondimento con l'Ayurveda che ho descritto in sintesi nel capitolo precedente. Avvicinarsi a queste conoscenze aiuta a comprendere meglio noi e gli altri, i nostri punti forti e deboli e quelli altrui.

Non c'è un'alimentazione che vada bene per tutti. Non c'è uno stile di vita che vada bene per tutti. Non c'è una meditazione che vada bene per tutti. Una posizione Yoga, un'attività sportiva può essere indicata per alcuni e per altri può rivelarsi pericolosa e dannosa.

Ognuno deve trovarsi un proprio stile di vita e su quello costruire la propria routine. Costruirsi la propria routine è essenziale per il controllo della mente e dei sensi.

Senza lo sviluppo del controllo, la mente e i sensi perderanno discernimento e non riusciremo mai a sviluppare la costanza e la determinazione per raggiungere il livello di maestria interiore, o, per meglio dire: la capacità di godere il qui e l'ora e camminare verso gli obiettivi di gioia e abbondanza che è nella nostra natura realizzare.

Questi obiettivi li abbiamo già visti in relazione alla meditazione, nel capitolo precedente. Il motivo per cui è bene che ognuno si costruisca i propri obiettivi e le proprie meditazioni è in sintesi questo: siamo unici e se non diventiamo consapevoli di questo non arriveremo mai al senso di appagamento e di autorealizzazione personale.

SEGRETO n. 3: una sana disciplina tiene in considerazione la nostra unicità.

Ho incontrato l'Ayurveda nel 1982 a Villa Era di Biella, per caso. Prima di allora, il mio concetto era che tutti dovevano seguire dei principi e delle regole più o meno simili per essere nel Dharma.

Devo dire che Villa Era mi rivoluzionò la vita. Lì incontrai Jiddu Krishnamurti che diceva: "In realtà non vogliamo conoscere noi stessi, i nostri impulsi e reazioni, l'intero processo del nostro pensiero, il conscio e l'inconscio; siamo invece piuttosto propensi ad abbracciare un sistema che ci assicuri un risultato, ma l'adesione a un sistema è invariabilmente il risultato del nostro desiderio di sicurezza, di certezze e ovviamente il risultato non è certo la comprensione di sé".

Che fare quindi? Villa Era mi diede anche la soluzione su come conciliare due punti di vista in antitesi tra di loro. La visione di Anandamurti, molto ligia alla disciplina, e quella di Krishnamurti che la ribaltava completamente.

È di Krishnamurti quel pensiero divertente per cui anche il mantra "Coca Cola" può aiutare nella meditazione. Pensiero dichiaratamente provocatorio e un invito a stare alla larga da coloro che vendono mantra a caro prezzo…

Da una parte Krishnamurti che relativizzava la disciplina e i precetti, dall'altra il concetto di "sadhana", come impegno continuo, aspirazione all'essere e all'evoluzione e basato sul duro lavoro.

Nello stesso periodo, sempre a Villa Era, conoscevo l'Ayurveda che mi invitava a vedere come tutto nella vita segua dei ritmi e delle leggi ben precise. Leggi che si fondono in ognuno di noi, leggi che fluttuano dentro e fuori creando sinfonie meravigliose, scolpendo la vita e creando miracoli di bellezza, unici e irrepetibili, ognuno con la sua orchestrata combinazione.

L'Ayurveda (scienza, saggezza e arte del vivere) mi spiegava che esistono delle leggi universali, ma non identiche per tutti. Queste leggi si combinano in ognuno di noi in maniera unica e irrepetibile, determinando aspirazioni, attitudini, punti di forza e debolezza.

Mi spiegava cosa fare e cosa è bene non fare in età giovane, media e avanzata. Cosa è bene fare e cosa è bene non fare in ogni stagione, in ogni condizione climatica.

Grazie all'Ayurveda ho compreso le forze ascensionali necessarie alla creatività, agli ideali, all'arte, e le forze discensionali necessarie a dare struttura e portare sul piano manifesto ideali, obiettivi, aspirazioni e intenti.

Avevo svelato l'arcano. Avevo compreso che l'unica certezza è nel cambiamento e allo stesso tempo il cambiamento ha delle leggi precise. Se le conosci, se apprendi "l'alfabeto della vita", lo puoi applicare in infiniti modi, un po' come le note musicali, le parole o i colori che possono svilupparsi in incredibili e infinite varianti.

SEGRETO n. 4: essere unici e diversi è la cosa più stimolante di questa vita. Trattati e tratta gli altri come tali.

Eraclito sosteneva: "Nessun uomo entra mai due volte nello stesso fiume, perché il fiume non è mai lo stesso, ed egli non è mai lo stesso uomo".

Questo aforisma ci comunica che tutto è in cambiamento, che l'unica certezza è nel riconoscere e saper leggere il mutamento continuo delle cose, delle relazioni, delle circostanze, delle opportunità nascoste dietro ai problemi.

Mi piace pensare a Gaber che nella sua canzone dice "La realtà è un uccello che non ha memoria, devi immaginare da che parte va".

Bene, si può sostenere che anche l'immaginazione ha le sue leggi e queste rientrano nelle note o nelle lettere dell'alfabeto ayurvedico con le quali possiamo leggere la vita e comprenderne i cambiamenti.

Nel 1982, quando entrai in contatto con l'Ayurveda, non avevo compreso la sua forza e la sua lungimiranza, nonostante avessi avuto la fortuna di interagire con S.V. Govindan, il quale, nei decenni successivi, divenne una delle figure più amate nel mondo del massaggio ayurvedico, e nonostante avessi avuto la fortuna di conoscere P.K. Warrier, direttore del centro ayurvedico più storico del Kerala, dove anche Terzani era andato a cercare soluzioni ai suoi problemi di cancro.

L'Ayurveda, che è uno degli antichi corpi di naturopatia e di medicina indiana e universale. Sì, universale, perché ha praticamente influenzato tutti i corpi di medicina antica.

Nonostante vent'anni dopo abbia compreso meglio l'importanza dell'ayurveda, devo dire che anche nel mondo ayurvedico e yogico mi sentivo e mi sento stretto. Questo senso di disagio e il sentirsi in panni non propri ha decisamente contribuito alla mia crescita. Il senso di insoddisfazione è un campanello d'allarme che invita ad ascoltare e ad andare avanti.

Nel 1986 ebbi dei conflitti all'interno dell'Ananda Marga con i responsabili a livello mondiale. In quel momento mi trovavo a Lima, in Perù. Già da parecchio tempo ero in crisi, dentro di me non accettavo l'idea del guru come taraka brahma che è una sorta di avatar alla massima potenza; la convinzione che il guru sia Dio che si fa carne e scende dal cielo per salvare l'umanità.

Scusatemi però a me questa cosa proprio non va giù. Va bene

avere fede per il maestro, ma mai e poi mai accettare idee di cui non sei veramente convinto, proprio no.

Avevo capito che il mio bisogno di sentirmi riconosciuto all'interno di un gruppo, famiglia o movimento che sia era una trappola e così lasciai il movimento Ananda Marga. Dopo aver sentito la predica e le accuse ovviamente di traditore, egoista ecc.

Ero un monaco e la cosa fu considerata un'onta imperdonabile. Questa violenza psicologica mi demotivò parecchio e lì ebbi la prima crisi nei confronti del mondo olistico; cominciai a vedere come l'ego e il vitale s'infiltrano dappertutto, come uomini di conoscenza e di potere provano a schiacciarti se non li servi più.

Terribile, così demotivante, che per anni non ne ho più voluto sapere di Yoga e spiritualità fino al 1993, quando mi avvicinai alla meditazione Vipassana dell'antico buddhismo.

Negli anni Ottanta venni ripudiato dai "compagni di partito" a causa delle mie aperture nei confronti del mondo orientale. Nel 1 1986 mi ritrovavo nella stessa situazione di eretico semplicemente perché osava "pensare e mettere in discussione".

Seguirono anni difficili in cui continuai a insegnare Yoga nonostante fossi fortemente demotivato e la mia fiducia verso questo mondo fosse fortemente provata.

Nel '93 ebbi la fortuna di conoscere Jim Rohn che, per chi non lo sapesse, è stato il formatore di Anthony Robbins.

Conobbi Mark Reynolds Hughes, fondatore di Herbalife e in quel contesto conobbi anche Stephen Covey che, con il già citato *I sette pilastri del successo*, mi cambiò la vita e continua a cambiarmela ogni volta che lo leggo.

Avvicinarmi a Herbalife fu una bella esperienza e mi diede nuovo ossigeno. Scoprivo un nuovo modo di fare impresa e di crescita personale. Il sistema lavorativo del multilivello mi apriva nuovi orizzonti ma agli occhi del mondo yogico ero diventato improvvisamente un traditore, un venditore di spazzole, uno yuppie.

Esattamente come quando, avvicinandomi allo yoga, divenni traditore agli occhi del mondo politico che osservava la vita con una visione profondamente materialistica, ma in entrambi i casi non in grado di vedere e ancor meno accettare punti vista diversi, altri meravigliosi aspetti della vita.

A ben vedere sono stato ripudiato da una marea di scuole, comunità, organizzazioni socio spirituali ecc., perché andavo e vado oltre.

Ogni volta che andavo oltre, però, i miei circuiti neurali si risvegliavano. Di colpo si avviava un processo di apertura.

Ritornando a Herbalife, grazie a Jim Rohn e a Mark Hughes sviluppai nuove competenze. Capii che la ricchezza e l'abbondanza arrivano se sei nel giusto atteggiamento.
Con le conoscenze che appresi da loro, e a ben vedere anche da altri compresi che l'ismo e la trappola dell'ismo (comunismo, capitalismo, olismo, yogismo, olismo ecc.) è dappertutto ed è il principale problema.

La base da cui nasce la violenza, la presunzione di essere migliori e di avere ragione, dimenticando così che la crescita è dentro di noi e che l'unica cosa che puoi fare è "essere la migliore versione di te stesso", parafrasando il mio caro amico e maestro Giacomo Bruno a cui do il benvenuto tra i miei maestri.

Compresi che la routine quotidiana e stagionale che tiene in considerazione i bio-umori, dentro e fuori di te, non basta. Non è questo essere nello stile di vita, non basta se non coltivi virtù, non basta se non capisci come interagire e avere relazioni sane, non basta se reprimi il tuo senso critica e sopratutto non basta se non coltivi un sogno e non ti impegni a lasciare questo mondo meglio di come l'hai trovato.

Lo so è dura. E allora? Se abbiamo dentro gli stessi ingredienti e le stesse facoltà macrocosmiche, si può fare. Si deve fare. Questo mi insegna l'essenza dell'Ayurveda. La terra e l'umanità lo chiedono. Facciamolo quindi.

Credo che meditare non basti: occorre gentilezza comunque e sempre. Sapere non basta, è necessario sapere di non sapere e svegliarsi al mattino ringraziando il cielo perché c'è altro da imparare.

Quando ci svegliamo convinti di sapere e di essere è esattamente il momento in cui stiamo iniziando a declinare. Quindi lo stile di vita c'è se si cresce nella intelligenza emotiva, nella intelligenza relazionale e nella intelligenza comunicativa.

Covey parlava di principi universali che sono accettati all'unanimità (o quasi). Principi come l'onestà, la sincerità, la tolleranza, il confronto, la non imposizione dialettica: non bisogna degenerare nella violenza per imporre la propria posizione.

Ho vissuto e interagito con "illuminati" che dietro la loro maschera erano in realtà dei semplici fulminati; "guru" che girano il mondo e sono ospiti per mesi interi, riveriti, che non sanno dire grazie ed escono di casa portandoti via letteralmente le scarpe perché, con sguardo pieno di amore cosmico, ti dicono: "Mi servono" e devi lavorare sul "non attaccamento".

Ho subìto queste violenze sentendomi un egoista perché soffrivo nel vedere le mie scarpe andarsene via da me. Capite? Il mondo è pieno di maestri che fanno la terza, quarta, quinta e sesta serie di Ashtanga Vinyasa (contorsionismo yogico che mi ha creato un'ernia discale) insensibili, presuntuosi, arroganti.

Potrei raccontarne a centinaia di casi del genere. Ho sofferto e perso tempo e a stento sono sopravvissuto a dinamiche narcisiste e vampiresche camuffate da coscienza e distacco spirituale.

Ho visto dottori/guru molto ma molto spirituali a parole, e poi cambiare bandiera o atteggiamento non appena si parla di denaro, dimenticando i principi base della tolleranza, dell'ascolto e della condivisione. Dottori e guru che continuano a essere venerati da persone che continuano ad avere sempre meno senso critico e obbiettività.

Maestri che ti portano via lettini da massaggio e ogni ben di Dio perché "si sentono in diritto di farlo", o peggio perché dicono: "Tu hai ego e non puoi capire".

Meditanti che non perdono l'occasione di diffamarti per farti terra bruciata semplicemente perché camuffano la loro frustrazione e non ti vogliono libero. Quello che si vede nelle fiere di settore è sempre più desolante. Mi viene in mente Giorgio Gaber nel suo bellissimo disco *Polli d'allevamento* quando canta: "quando è moda è moda". Ascoltatelo perché merita.

A tal proposito, vi consiglio vivamente un paio di libri sul narcisismo. La lettera di "I narcisisti perversi e le le unioni impossibili" di Enrico Maria Secci e "difendersi dai narcisisti" di Les Cartes mi hanno aiutato a vedere come questo tarlo relazionale sia profondamente penetrato nel mondo olistico e della crescita personale e del potenziale umano. Credetemi, il mondo è pieno di guru e formatori incompetenti e pericolosi e dobbiamo comprenderlo se vogliamo capire su chi poter fare affidamento, se vogliamo crescere davvero e non rimanere intrappolati.

Nel blog di Secci "blog therraphy" potete interagire e comprendere meglio il sottile gioco della relazione narcisistica e della dipendenza affettiva e imparare a prevenire e pulirsi da queste trappole esistenziali.

Quindi, nell'arte del vivere, oltre a sane regole di condotta sul mangiare, sull'uso dell'energia, sulla meditazione ecc., che andremo ad esplorare nel prossimo capitolo, va assolutamente inserita la conoscenza delle emozioni e dei comportamenti insani.

In assenza di questo puoi meditare quanto vuoi, ma non sarai mai veramente partito in un percorso di crescita. Puoi ingerire gli alimenti più vegani di questo mondo, ma se non smetti di avvelenarti con emozioni malsane o, peggio ancora, non toglierti di dosso il tarlo tremendo del giudizio e della presunzione, è completamente inutile.

Bisogna tenere presente d'altra parte che i persecutori cercano sempre delle vittime e le vittime i persecutori. Molte persone per uscire dal ruolo della vittima si identificano con l'aggressore entrando nel ruolo del persecutore. Bisogna uscire da questa gabbia perversa e prendere in mano la responsabilità della propria vita consapevoli che è in noi il potere di trovare una dimensione matura in cui entrano sentimenti e atteggiamenti più sani e evoluti come la compassione, il non giudizio, la tolleranza verso noi e gli altri.

Alimentazione non è solo assumere cibo e acqua, ma anche i pensieri, il prana, i colori, le emozioni, i suoni e soprattutto l'amore. Non è un caso che *rasa*, che in sanscrito significa sapore, voglia dire anche amore, che le parole sapore e sapere abbiano la stessa radice, per cui "sentire il sapore" è il significato originario del "sapere".

Dovremmo tornare al significato originario di un *sapere* che sente, ascolta, assapora, comprende, prima di separare e dividere, prima di giudicare.

Dovremmo ricordare che giudicare e criticare sono considerati peccati dalla religione cattolica. Se non siamo "credenti" e riteniamo che il "peccato" non esista, dobbiamo però ammettere che esistono l'ignoranza e/o stati di squilibrio e disarmonia interiore che ci portano a pensieri, emozioni e quindi comportamenti disadattivi e controproducenti.

Questo l'ho appreso grazie ai bellissimi insegnamenti di Daniel Goleman, che con i suoi testi *Intelligenza emotiva* e quello della moglie Tara *Alchimia emotiva*, mi fecero capire la necessità di lasciar andare i veleni emozionali e il modo in cui farlo.

Diversamente, vai incontro a guai. Se sei acido, collerico, critico e giudicante. Se continui ad approvare e disapprovare e ti limiti a meditare è probabile che la tua rabbia e la tua acidità magari si vedano meno, ma in realtà sono semplicemente sotto il tappeto, anzi si fanno più argute e dannose, per te e per il mondo.

Non fidatevi di quelli che in due sedute ti promettono la soluzione di problemi che uno psicoterapeuta non può risolvere in due anni di psicoterapia. È probabile che vi porteranno ad aver bisogno di un psicoterapeuta per tutta la vita.

Non fidatevi di coloro che, privi di empatia (intelligenza emotiva) senza ascoltarti, e senza sostenerti amorevolmente, giudicano o, ancora peggio, ti offrono formule interpretative spicciole, buone per tutte le stagioni, come l'aspirina, passando sopra al tuo diritto-dovere di percorrere la *tua* strada verso la consapevolezza e la maestria, magari "sbagliando" o, se lo vuoi, con una guida rispettosa e attenta, umanamente e professionalmente preparata. Dobbiamo inoltre includere e non escludere e con discernimento cercare i nessi dell'integrazione tra i diversi punti di vista e percorsi conoscitivi (che definiamo, semplificandoli: occidentali e orientali) per arrivare a una concezione più autentica e universale dell'essere.

In sintesi, è quello che Covey definisce "crescere nel carattere", anziché nella personalità, crescere dentro anziché solo fuori, sviluppando virtù e principi universali che non segui perché la tua parrocchia, la tua moschea o il tuo guru del quartiere elargiscono con fare pomposo.

Dobbiamo essere capaci di imparare dal contadino e dal dotto, dal muratore e dal portinaio, ancor prima e ancor più che dal santone che arriva dall'India; dall'osservare tuo figlio, dal lavare i piatti con fare meditativo con lo stesso atteggiamento con cui parli davanti a un pubblico di decine di migliaia di persone.
Una meditazione al giorno, una sola di ventiquattro ore, come amava dire Krishnamurti. Daniel Goleman e Covey mi hanno altresì motivato a capire che esistono anche lo stile di vita "relazionale", l'interdipendenza, l'arte dell'ascolto e nell'ascolto, per esserci, esserci davvero, empaticamente, senza giudizio e

senza interpretare, con capacità di immedesimazione, esserci con rispetto e amorevole distacco.

Se la vita ci ha donato due orecchie, due occhi e una bocca, è perché dobbiamo ascoltare e osservare il doppio e parlare la metà. Ascoltare l'uomo e la vita e adottare uno stile di vita ecologico, prestando attenzione a Madre Terra; impegnarsi per un mondo meno inquinato, impegnarsi per consumare meno e riparare anziché buttare.

Questo vuol dire rispetto e amore per l'etere, per l'aria, per il fuoco, per l'acqua e per la terra, per gli stessi elementi che creano e ci ricreano ogni giorno.

A ciascun respiro qualcosa muore e qualcosa rinasce in noi, per lavorare meno e meglio. Avere dei soldi in meno ma stare accanto a tuo figlio nei momenti cruciali della sua vita, magari in bicicletta, su un sentiero di campagna o in un camper o a ruzzolarvi sui prati e tornare a casa con i pantaloni sporchi d'erba come quando avevi nove anni.
Questo capitolo finisce così, senza cose da fare, se non portare

dentro il perché si vive. È il tuo perché che devi trovare adesso. Prova a portarlo dentro e coccolarlo, curandolo come un figlio. Il come lo vediamo nel quarto capitolo.

SEGRETO n. 5: se non sai perché, non hai voglia di fare. La vita inizia quando ti domandi perché sei qui: quando vivi, sei nella risposta.

RIEPILOGO DEL CAPITOLO 3:

- SEGRETO n. 1: concentrarsi sulle cose importanti e sviluppare le abilità necessarie al loro raggiungimento.
- SEGRETO n. 2: non fare dell'opportunità il problema. La disciplina e le vie del sapere sono solo strumenti.
- SEGRETO n. 3: una sana disciplina tiene in considerazione la nostra unicità.
- SEGRETO n. 4: essere unici e diversi è la cosa più stimolante di questa vita. Trattati e tratta gli altri come tali.
- SEGRETO n. 5: se non sai perché, non hai voglia di fare. La vita inizia quando ti domandi perché sei qui: quando vivi, sei nella risposta.

Capitolo 4:
Lo stile di vita è nei dettagli

"Gli uomini implorano dagli Dei la salute e non pensano d'avere in mano, essi stessi, gli strumenti per conservarla".

Democrito, V secolo a.C.

Si crede che la tendenza ad andare in Oriente per trovare dei maestri sia peculiare di questo momento storico. In realtà, già 2500 anni fa, i giovani Greci e Romani di buona famiglia andavano in India con le stesse motivazioni e inquietudini.

Forte influenza ebbe l'Oriente sulla medicina di Ippocrate e di filosofi-medici di allora. Basti pensare alla teoria degli "umori": vento, bile e flemma.

Nei trattati greci si parla di "gimnosofisti", riferendosi agli yogi e saggi dell'India. Ippocrate, il padre della medicina occidentale, e Democrito ne furono profondamente influenzati. Altro detto ippocratico importante fu: "Fa' che il cibo sia la tua medicina e che la medicina sia il tuo cibo". Splendido pensiero.

Ho chiamato i corsi di cucina salutistica che teniamo in più città italiane e online "La cucina degli Dei", perché? Perché la cucina ayurvedica è buona e fa bene. Le sapienti miscele di spezie, le giuste combinazioni e i principi di base che rendono la cucina un'arte e il mangiare una meditazione, ti danno modo di vivere un'esperienza paradisiaca da un punto sia da un punto di vista palatale che del benessere. La cucina, oltre che buona deve essere sana e deve dare felicità e salute.

A parte la cucina, i corsi che teniamo di igiene e di beauty personale "Bellezza dalla pelle all'anima" si basano sullo stesso principio e sulle stesse antiche e sublimi conoscenze vediche e dravidiche.

L'Ayurveda insegna che la pelle è un secondo intestino e che i prodotti per la bellezza e l'igiene devono essere assimilabili e naturali. La cosmeceutica che è l'ultima frontiera del beauty inizia in effetti millenni fa con i riuali di bellezza che oltre ad abbelire nutrono e rafforzano lo stato di salute.

I cinque elementi che creano ogni cosa compongono il nostro essere a livello strutturale fisico e psicologico trasformandosi in bio-umori (dosha).

Essi determinano e creano anche i piani dei pensieri e delle emozioni. Basti pensare al fuoco della rabbia (pitta) all'acqua della compassione (kapha), all'aria fresca che genera buoni pensieri e risveglia l'intuizione e dà quiete (vata).

I cinque elementi si esprimono in noi anche con gli organi di senso oltre che nella motricità. C'è una corrispondenza senso-motoria per ogni elemento.

I cinque elementi permettono lo scambio tra noi e il mondo esterno attraverso gli organi di senso e gli organi motori. Ci nutriamo a vicenda, di aria, di colori, di suoni, di percezioni tattili e di sapori.

Ci nutriamo con tutti i sensi e in tutti i sensi, con il prana che è contenuto nel cibo come nelle emozioni e nei sentimenti, nei pensieri e nelle parole, nelle intenzioni e nelle azioni.

Prendiamo ad esempio il respiro, che è legato all'aria, all'ossigeno, ma che sappiamo avere una connessione stretta con le nostre emozioni e cognizioni (implicate nelle relazioni sociali). Quando inspiriamo il fuori diventa noi e quando espiriamo noi diventiamo mondo.
Oltre che con il respiro l'aria entra in noi come suoni tramite le orecchie ed esce dalla bocca ancora come voce, pensiero tradotto in parola.

Nella sensazione cinestetica selezioniamo e utilizziamo le informazioni che ci provengono dai recettori collocati nei muscoli e nella fascia per guidare l'azione motoria in termini di forza, coordinamento e direzione.

Uno stile di vita "sano" ci porta a dare il massimo dei risultati con il minimo sforzo (come ci ha insegnato anche il grande maestro Moshe Feldenkrais). Questo è possibile se il nostro sistema senso-motorio è in buono stato. È quindi importante prendere consapevolezza del ruolo degli organi sensoriali, averne cura e potenziarli in termini di efficienza e di efficacia. Questo è un punto di massima importanza.

Possiamo considerare gli organi sensoriali (e motori) come i cavalli (il cavaliere siano noi stessi, ovviamente, con le nostre intenzioni più o meno consapevoli). Di fatto il sistema senso-motorio è l'ingegneria presente nell'automobile che ci trasporta nel mondo.

Se sappiamo guidare bene arriviamo a destinazione, se non ci fermiamo a controllare l'olio, a fare le giuste manutenzioni fondiamo la macchina. Se guidiamo senza mappa, senza riferimenti, possiamo anche essere ottimi guidatori ma siamo senza direzione.

Potremmo dire che i sensi e gli organi motori sono i servi, gli strumenti per la nostra mente e il nostro sé più profondo. Anche se in Occidente (si vedano le ricerche della psicologia evolutiva) siamo portati a credere che la nostra mente e il nostro sé non siano dati fin dall'inizio come trascendenza, ma si formino in sinergia con l'esercizio e lo sviluppo del sistema senso-motorio, il sé diventa comunque sempre più importante durante il corso dello sviluppo come principio ordinativo e di guida, come mappa di riferimento.

Quando i servi la fanno da padroni, viene fuori un bel caos, vero? Certamente, ma vi sono "padroni" (mappe) talmente rigidi da rendersi impermeabili a qualsiasi informazione che li contraddica e non si modificano anche se il territorio è cambiato.

È stato anche detto che la mente spesso mente, giudica prima di ascoltare e comprendere, non rimane aperta all'esperienza e al cambiamento.

Non dobbiamo dimenticare che i "padroni" (le mappe) ricevono nutrimento e informazioni essi stessi, dai "servi" (i sensi). Ma forse "servi" e "padroni" non sono le migliori metafore per chiarire quello che veramente avviene.

Il sé e la mente non cessano di evolversi anche grazie all'apporto delle informazioni portate dal sistema senso-motorio. Possiamo dire che occorre portare grande attenzione al mantenere una buona armonia tra questi piani, senso-motorio, mentale, e del sé.

Mantenere una buona armonia pensando sempre a una "crescita felice", ovvero a un'evoluzione che ci porta a innalzare la qualità del nostro essere nel mondo, in tutte le sue componenti.
Avere meno e goderselo di più. Una crescita personale felice in concomitanza con una decrescita felice.

Rasa è parola che in sanscrito significa sapore e vuol dire anche amore, ma significa anche emozione, suono… Curioso vero? Buona musica, buoni profumi, buone immagini, buone esperienze tattili sono parte integrante della nutrizione.

Dal sapore arriviamo anche al *sapere*, per la stessa radice, come se *l'avere senno, l'intendere*, si basino sul sentire e sul portare attenzione: il sapore, l'odore. Dall'esperienza sensoriale arriviamo anche all'esperienza corporea, all'immagine del corpo che abbiamo interiorizzata.

Capire questo ci allinea con noi stessi e automaticamente ci porta al peso ideale (ideale per noi, non in astratto) alla giusta forma, che varia per ognuno di noi, in ogni fase della nostra vita.

Oggi c'è un concetto di forma tendenzialmente anoressica o palestrata. Sono prototipi vata e/o vata/pitta che sono tendenzialmente sottili, magri. Una persona di costituzione kapha/terra non potrà mai essere di costituzione vata o vata/pitta e così si rovina la vita cercando di essere quello che non potrà mai diventare.

Dobbiamo capire che essere diversi e unici è bellissimo tanto quanto saper cogliere il continuo cambiamento delle cose.

L'organo afferente in relazione all'etere è l'orecchio, quello efferente la bocca. La musica non è un optional. Si può considerare sana un'alimentazione che non contempli l'acqua o i carboidrati? Certamente no! E quindi la musica è importante.

È importante anche ripetersi gli obiettivi, nutrirci dei nostri sogni e dei nostri intenti. È uno dei principali alimenti con cui nutrirci al mattino, davanti allo specchio quando ci puliamo la lingua con il raschietto per eliminare le tossine che si accumulano durante la notte. Nutrire i nostri sogni, nutrire i nostri obiettivi.

Dobbiamo ricordarcelo esattamente come dobbiamo ricordare ai nostri polmoni la bellezza dell'aria e alla nostra pancia la bellezza dell'acqua calda con erbe e spezie; per nutrire e dare calore che pulisce gli intestini e nutrire i nostri corpi più sottili, a partire da quello pranico per arrivare a quello eterico ecc.

Sì, Prana. Elemento prezioso che entra dentro, esattamente nello stesso modo con cui entra il cibo solido. Il prana si esprime anche con la voce. La parola è potere, ha un potere immenso. Il canto, la preghiera e l'uso dei mantra sono il modo migliore per esprimerlo.

Miguel Ruiz nel suo Best Seller "i quattro accordi" per liberarti da ciò che ti impedisce di stare bene con te stesso mette come primo principio " essere ineccepibili con la parola". Con quelle che dici e filtrare quelle che senti. Soprattutto le parole velenose che ti fanno male e abbassano la tua autostima. Il mondo esterno è specializzato nel buttarti giù. E' parte dominante di un sistema che così ti tiene sotto controllo.

Camminare in silenzio nella natura e digiunare con la voce fa miracoli. Il digiuno di parole amplifica la capacità di riflessione. Tutto ciò apre la porta all'ascolto.

Nel libro *Siddharta* di Hermann Hesse, il protagonista dice: "Io so pensare. So aspettare. So digiunare", in pratica la capacità di gestire vata. Con queste tre competenze realizzò tutto quello che un uomo può volere nella vita. Libro superbo. Un libro che mi cambiò la vita e che vi consiglio vivamente.

Vediamo l'elemento aria. Il tatto ci permette di percepire il vento, il movimento di una carezza o la violenza di un pugno. L'organo efferente principale è rappresentato dalle mani. Qui si apre un mondo... L'ottava meraviglia del mondo: il massaggio.

La pelle è l'organo di senso più ampio, il più grande. Ogni cellula della nostra pelle è in relazione al cervello. La pelle è il confine tra il dentro e il fuori. Abbiamo fame e bisogno di essere toccati. Nel liquido amniotico prima di nascere è il tatto la prima esperienza con ciò che "non siamo noi" e la viviamo in maniera rassicurante. Per questo motivo che fa così bene toccarsi. Per uesto motivo abbiamo così tanto bisogno di contatto.

In questa società abbiamo perso il potere del tocco.
L'automassaggio e il massaggio sono indispensabili. Beni indispensabili che ignoriamo e che quindi ci tolgono gioia e senso esistenziale. Ancora una volta sono indispensabili come l'aria e l'acqua. Anche se si può sopravvivere senza massaggio e automassaggio, ci precludiamo il sale della vita, accumuliamo vata e così acceleriamo il processo di invecchiamento, trattenendo in noi tensioni e tossine. Abbiamo tutto ma non ci godiamo granché. Siamo mendicanti in abiti lussuosi.

Una volta mi trovai da solo con il titolare di una grande catena di alberghi cinque stelle. Mi dissero che dovevo intrattenerlo. Per delle ore feci Yoga con lui e lo massaggiai. A un certo punto ebbi un *déjà vu*, lo vidi clochard. All'improvviso mi apparve come un barbone della stazione, talmente sentivo in lui mancanze primarie e un profondo senso di solitudine.

Recentemente mi è capitato di trovarmi a casa di amici cari e presso di loro c'era una ragazza adolescente, una delle tante fanciulle che hanno i genitori che corrono e lei passa le giornate davanti al telefono o alla tv.

Mi salutò con gli occhi bass e rivolti allo schermo mentre faceva colazione. "Buongiorno!", le dissi a voce alta e con buona energia. "Buongiorno", mi rispose con lo sguardo basso e assente.

Mi avvicinai e iniziai a massaggiarla con dolci movimenti rotatori in senso orario intorno al suo cuore dalla parte della schiena. Sorrise e poi per tutto il tempo che siamo stati insieme si fece loquace, aveva voglia di parlare. Capisci? Le mani devono parlare, devono suonare, scolpire, scrivere, accarezzare, toccare la vita e la terra. Possono letteralmente fare dei miracoli.

Il fuoco si esprime in noi con la vista e con i piedi. Con la vista percepiamo la realtà e con i piedi andiamo dopo aver visto.

Nutrirsi dei colori dell'alba e del tramonto, dei colori della natura, degli occhi delle persone che amiamo. Io vedo gli occhi della donna che amo ogni mattina, vedo i colori degli occhi dei miei figli e delle persone che amo, dei miei allievi.

Poi ci sono la pittura, le opere d'arte, il bello. Cammino e porto attenzione ai piedi. Li metto a contatto con la terra, con l'acqua, li massaggio e il messaggio arriva alla testa, al sistema nervoso.

Elemento acqua: palato e organo urinario. Con i miei collaboratori scherzando dico che per portare gente ai nostri corsi possiamo fare due cose: cibo o sesso. Meglio il cibo che non fa confusione... Al di là della battuta, c'è un nesso molto forte tra bocca e organo genitale.

Oggi molta frustrazione sessuale e relazionale si compensa con il mangiare. Ancora ritrovo il mondo del tocco che nella coppia è indispensabile. Tanti, tantissimi problemi nella coppia si risolvono con il massaggio. È per questo che da anni, ormai, il mio focus nell'insegnamento è nel fare corsi per le coppie e per le famiglie. Consiglio vivamente gli operatori del benessere e ayurvedici a condividere queste competenze con i loro clienti. E' nostro dovere sensibilizzare le persone a prendersi cura di loro e dei loro cari.

In India le nonne massaggiano i bambini appena nati e le figlie che hanno appena partorito. I bambini dai 4/5 anni in su massaggiano i nonni e gli anziani. La moglie massaggia il marito quando torna dai campi. Purtroppo anche lì queste tradizioni si stanno perdendo, ma sono fiducioso e spero di creare una psicologia del tocco e del capirsi senza parole che si espanda nelle strade e tra la gente. Molti problemi legati alla violenza e alla solitudine si risolverebbero automaticamente.

Ultimo elemento è la terra che si percepisce con il naso e si manifesta con l'organo escretorio.

Nutrirsi quindi con i profumi, con le essenze, con il profumo dei fiori. *Happy nose happy brain* (naso felice, cervello felice) si usa dire nella routine consigliata dall'Oriente, dallo yoga e dall'ayurveda, per l'esattezza.

Con il naso noi respiriamo e più il nostro naso è libero e più inseriamo in noi energia e chiarezza di visione.

Una storia yogica ci dice che nasciamo con un numero determinato di respiri. Più velocemente li facciamo e prima moriamo. Più lentamente li facciamo e più a lungo viviamo. Respirare. Uscite al mattino e respirate.

Le prime ore del mattino sono le ore di Brahmā, per gli indiani l'ora di Dio, il momento migliore per evacuare (organo escretorio), per respirare e fare meditazione. Non è un caso.

Perché gli indiani amano svegliarsi presto? Perché non vanno a lavorare dopo pochi minuti dal risveglio? Perché si prendono il tempo per connettersi con il macrocosmo, si nutrono di prana, si fanno l'automassaggio e praticano esercizi che risvegliano il corpo e la mente in maniera eccezionale. Sono protagonisti della loro vita.

Quando vai a lavorare e ti sei nutrito di buona energia, ti sei goduto te stesso e chi ti sta vicino, sei felice e fai le cose al meglio.

Se si passeggia, respira e medita al mattino presto, la nostra giornata renderà il doppio e saremo contenti. Contenti tutto il giorno, fino al tramonto, almeno. E al tramonto ancora, uscite dall'ufficio anche solo cinque minuti e guardate i colori e respirate.

I profumi e gli oli essenziali, gli incensi, sono parte importante. Do un'idea ai miei amici massaggiatori: preparate una miscela di oli essenziali, una bottiglietta di olio di mandorle, una confezione di incensi, un cd musicale; fate un pacchetto.

A San Valentino i vostri clienti ve lo acquisteranno. È un'idea geniale, vero? Perché? Perché l'olfatto, il tocco e l'amore valgono più di mille regali. Credo fermamente che l'amore sia un giardino e che sta a noi non riempirlo di erbacce. Il gioco dei sensi è una chiave potente. Scriverò un libro su questo. Anzi, colgo l'occasione per preannunciarvi uno dei miei prossimi libri che parlerà proprio di *Amarsi tra mille difficoltà*.

SEGRETO n. 1: la vita cambia se cambi il modo in cui fai le cose. Cambia il tuo modo di nutrirti.
Il cibo è di primaria importanza. Il contesto sociale in cui viviamo

si è allontanato dalla saggezza degli antichi e dai ritmi della natura. Anche il modo che abbiamo di nutrirci rispecchia la cultura in cui viviamo. Corriamo senza una direzione credendo di averla con i sensi che la fanno da padroni.

Ci diamo da fare compulsivamente dal momento in cui ci svegliamo e mangiamo in fretta senza curarci degli effetti che il cibo ha su di noi e ancor meno sulla qualità dei cibi che ingeriamo.
C'è una storia stupenda nella mitologia orientale:
"Un giorno Annapurna, la Dea del cibo, andò da Brahmā a chiedere consiglio. Non riusciva più a capire gli esseri umani e non sapeva come comportarsi con loro. 'Non so più come fare, vengo umiliata ogni giorno, gli uomini mi mangiano e mi consumano male!'. Brahmā, dopo aver riflettuto a lungo, rispose: 'se gli uomini ti consumano e ti mangiano male, allora tu mangia e consuma gli uomini'".

La storia si ripete, mi viene da dire, e il cibo che mangiamo oggi è uno dei responsabili principali dei malanni, lievi e gravi dell'umanità: ictus, problematiche cardiache, tumori. Tutti gli alimenti, tutti gli animali (decisamente troppa carne e di pessima qualità) l'aria, la terra, l'acqua sono inquinati, la maggior parte degli alimenti che troviamo nella grande distribuzione è; perdonatemi il termine, cibo spazzatura.

Come se i cibi non ci riguardassero, come se quello che entra in noi non avesse nulla a che fare con la nostra salute e la nostra felicità.

Confucio scrisse "Tutti gli uomini si nutrono ma pochi sanno distinguere i sapori". L'amaro, il pungente e l'astringente sono importanti tanto quanto il dolce, il salato e l'acido ma sono praticamente sconosciuti e poco usati. Fino a pochi decenni fa ci si nutriva di erbe aromatiche e di piante spontanee che crescevano nei campi.

Le spezie sono indispensabili per il funzionamento del metabolismo e interagiscono efficacemente su un buon funzionamento fisiologico. Le erbe e le spezie sono piene dei sapori poco usati e indispensabili ed è di primaria importanza un'alimentazione che tenga conto di tutti e sei i sapori.

Inserisci dunque spezie ed erbe aromatiche nella tua alimentazione; inizia a fare infusi, per te e per i tuoi cari; rieduca il tuo palato e allontanati dal fast food.

Guardati il film documentario *Super Size Me* di Morgan Spurlock per prendere coscienza dell'assurdo a cui stiamo arrivando. Oppure l'altro bellissimo *I nostri figli ci accuseranno. Questo non deve accadere* di Jean-Paul Jaud, per renderci conto del pesante impatto sulla salute che hanno i pesticidi e i diserbanti delle multinazionali varie.

Rimarrai senza parole. Organizziamoci e realizziamo dei Co-garden, dei Gas (Gruppo di acquisto solidale), il più possibile a filiera corta.

Il 60% del nostro corpo e addirittura il 70% del cervello è costituito da acqua. Le acque che beviamo, soprattutto quelle minerali, sono acide, cioè al di sotto del livello di acidità consentito per legge all'acqua del lavandino.
Assurdo, pochi sanno che ci sono due leggi specifiche. Se l'acidità dell'acqua potabile è al di sotto di 6,5 è considerata non

idonea all'uso umano. Non è lo stesso per l'acqua minerale in bottiglia o le bibite gassate il cui livello di acidità può scendere addirittura sotto i 4 e la legge ne consente la vendita. Il potere delle multinazionali e della pubblicità quanto è grande e manipolatore, non è vero?

Nel 1931, il dottor Otto Heinrich Warburg vinse il premio Nobel per la medicina grazie alle sue scoperte sulle cause del cancro. Scoprì che la miglior prevenzione era l'acidità del sangue. Se i cibi e l'acqua che consumiamo acidificano il sangue, le possibilità di degenerazione cellulare aumentano notevolmente e al contrario più manteniamo equilibrio nel rapporto acido basico più preveniamo malattie e miglioriamo la qualità della nostra vita.

Mangia quindi cibi alcalini e soprattutto bevi acqua del lavandino opportunatamente depurata e alcalinizzata. Sì, perché l'acqua tra gli elementi materiale è dopo l'aria quello più importante.

Possiamo mangiare cibi biologici ma se l'acqua è acida è un controsenso. Per saperne di più, mandami una mail a: ilguruseitu@gmail.com e ti risponderò inviandoti una dispensa riassuntiva sulla dieta alcalina e sui principi di base dell'alimentazione ayurvedica.

In merito all'acqua, ti invito a vedere il video *La storia (e la truffa) dell'acqua minerale in bottiglia*. È disponibile su Youtube.

All'inizio di questo paragrafo accennavo alla dea del cibo Annapurna. Questa dea è conosciuta anche come dea dell'abbondanza. Il significato recondito è che il cibo diventa abbondanza se ci si nutre con rispetto e attenzione, moderazione e consapevolezza. Il cibo che è un mezzo può ammalarci o darci prosperità a noi la scelta.

Con questi requisiti di base sentiremo l'aspetto benevolo della madre che nutre e dona ojas, linfa vitale, e ananda, beatitudine. Il senso sottile dell'appagamento pervaderà tutto il nostro essere su tutti i piani.

SEGRETO n. 2: metti consapevolezza in quello che mangi. Quello che mangi è ciò che ti nutre oppure intossica.

Sulla base della mia personale ricerca in quarant'anni di percorso, posso dire che non esiste un'alimentazione che va bene per tutti, vegetariana o onnivora che sia. Ci sono dei punti in comune certo, ma perché ognuno di noi si nutra in modo sano, lo deve fare a misura propria, tenendo in considerazione la sua costituzione individuale che in ayurveda si chiama prakriti.

Così viene definita la combinazione delle forze bio-umorali. I dosha si combinano nelle nostre strutture psicofisiche, nei flussi stagionali e quotidiani, nei cibi ma anche nei profumi, suoni, pietre preziose, colori ecc. Rimando all'allegato che potrai avere inviandomi una mail a ilguruseitu@gmail.com. Un detto Navajo dice: "Quando l'uomo bianco avrà abbattuto l'ultimo albero allora capirà che il denaro non si può mangiare".

Un altro importante insegnamento è vedere come nei riti vedici si offre cibo alla vita, la si ringrazia. Da qui l'importanza che il cibo ha su di noi. Annapurna è un archetipo degli dei più arcaici. Da quando l'uomo esiste, il cibo si venera e gli si porta rispetto, come si porta rispetto all'oggetto del nutrimento. I pellerossa ringraziavano l'anima dell'animale che uccidevano per nutrirsi.

Nell'imperdibile libro *Il Profeta* di Kahlil Gibran sul mangiare e sul bere ci sono le seguenti frasi: "Allora un vecchio oste disse: parlaci del mangiare e del bere. E lui disse: vorrei che poteste vivere della fragranza della terra e che la luce vi nutrisse in libertà come una pianta.

Ma poiché per mangiare uccidete e rubate al piccolo il latte materno per estinguere la sete, sia allora il vostro atto di adorazione e sia la mensa un altare su cui i puri e gli innocenti della foresta e dei campi vengano sacrificati a ciò che di più puro e innocente vi è nell'uomo.

Quando uccidete un animale, ditegli nel vostro cuore: dallo stesso potere che ti abbatte, io pure sarò colpito e distrutto, poiché la legge che ti consegna nelle mie mani consegnerà me in mani più potenti. Il tuo sangue e il mio sangue non sono che la linfa che nutre l'albero del cielo.

E quando addentate una mela, ditele nel vostro cuore: i tuoi semi vivranno nel mio corpo e i tuoi germogli futuri sboccceranno nel mio cuore. La loro fragranza sarà il mio respiro e insieme gioiremo in tutte le stagioni".

Questo libro tocca i vari aspetti della vita e del come viverla e mi ha aiutato tantissimo in diversi momenti della mia esistenza. La prima a diciotto anni quando lasciai il certo per l'incerto e seguii il mio intuito che mi invitava ad andare via, a cercare nuovi orizzonti.

Lasciai famiglia, lavoro e scuola, amici e affetti perché sentivo che c'era qualcosa che andava visto al di fuori del labirinto sociale e familiare. Mi ritrovai così a fare il pescatore a Camogli.

Di notte andavo per mare e il giorno vivevo. A Camogli avevo i miei angoli preferiti e lì leggevo e scrivevo. *Il profeta* di Gibran mi ispirò anche a nutrirmi con rispetto. Rispetto della vita, della natura, non solamente per una coscienza ecologica ma anche amarla ed eserle grato.

Anche l'ecologico può essere visto come funzionale. Si può optare per una dieta biologica per sé stessi e dimenticare l'importanza dell'amore e del rispetto verso madre terra. C'è qualcos'altro di più importante e si chiama "amore" per madre terra, la vera grande madre di noi tutti.

Rilessi "Il Profeta" a trentasette anni a Kovalam, ex splendida spiaggia del Kerala nel Sud dell'India. Dico ex perché il turismo l'ha pesantemente inquinata. C'è un turismo pornografico sotterraneo ed è un po' come andare a Rimini, solo che l'aragosta costa meno.

Perdonate l'ironia, ma soffro nel vedere quello che sta succedendo a Madre India. La globalizzazione e la logica del profitto a tutti i costi stanno contaminando fortemente la bellezza dei posti e delle saggezze antiche. Ad ogni modo ci sono ancora dei luoghi che meritano di essere visti e in cui si può respirare l'India immortale e il sapere genuino, se ne volete sapere di più sui percorsi benessere e di studio in India scrivetemi a : ilguruseitu@gmail.com

A Kovalam nel 1994 quando rilesse "Il Profeta" di Gibram venni invitato a cena nel villaggio di pescatori di un mio stupendo maestro di massaggio di nome Raja. Da quindici anni ero vegetariano e puntavo il dito verso chi non lo era, influenzato dalle persone che mi attorniavano ero portato a giudicare e criticare chi non avesse ancora abbracciato la dieta vegetariana.

Quando arrivai al villaggio venni accolto come una star. Ero emozionato. Respiravo le vibrazioni di un mondo che faticava a sopravvivere. Mi inebriò ricevere il benvenuto degli anziani e dei saggi, mi inebriarono la loro saggezza e la loro umiltà.

Le donne ridevano nell'accarezzare i capelli biondi di mio figlio Sanjay, incredule che i capelli potessero avere colori così chiari. Tutto questo a pochi chilometri da una spiaggia in cui iniziava subdolo il turismo pornografico e s'insinuava il tarlo dell'alcool e delle droghe.
Mi resi conto che la vita mi stava dando un dono prezioso: l'interazione con la gente rurale, queste popolazioni tribali fantastiche da cui ho appreso tantissimo e che ancora amo visitare quando ritorno in quella magica terra.
Per farla breve, entrai in casa del mio maestro di massaggi e mi sedetti a terra. Mi venne data una foglia di banana sulla quale posare il cibo e arrivò la moglie di Raja. Nelle pentole portava

pesce preparato con tanto e tanto amore. Mi servì e rimase in attesa di vedere se lo gradivo, il cibo traboccava di rispetto e di profondo senso di ospitalità.

Fu così che ruppi il mio vegetarianesimo e da allora mangio quello che c'è, possibilmente preparato con amore che ritengo l'ingrediente principale.

Ricordo di aver mangiato macrobiotico a diciotto anni a Milano e ricordo che il gestore del centro morì di cirrosi epatica. Perché? Secondo me perché si nutriva di rabbia. Era sempre aggressivo con tutti, in special modo con chi metteva in discussione la macrobiotica.

Capisci? La cosa primaria non è essere vegetariani. L'importante è l'amore. Amore e rispetto. Ringraziare le forme vegetali o animali di cui ti nutri; non eccedere e mantenere un'alimentazione semplice.

Di recente sono stato a una cena con imprenditori d'eccellenza. Persone con famiglia che stanno seguendo come me l'Accademia di Giacomo Bruno sull'arte dello scrivere e dell'essere. È stato divertente scorgere lo stupore nei loro occhi perché mangiavo carne con loro.

È stato bello per me dire che mangio con saggezza dando enfasi all'unione e alla fratellanza. Ringraziai nel mio cuore quell'animale; invitai loro a mangiare carne non d'allevamento e sentii che mi accettavano, mi apprezzavano e si predisponevano ad ascoltare modi di nutrirsi più consapevoli; dove il piacere incontra il sano e l'attenzione per la natura e madre terra, dove si rispettano le culture e le usanze dei popoli.

Non giudicavo e non mi giudicavano. Amore, amore, solo quello. Così tutti ci aprimmo e potei parlare con loro e condividere la bellezza del tocco, del massaggiare i tuoi figli, dello svegliarti al mattino e ancora a letto respirare e ringraziare Dio.
Brindai con loro con il mio bicchiere pieno d'acqua ed era più buono dei più raffinati dei vini poiché arricchito e impreziosito dal sapore che dà una sana interazione.
Portare il benessere dappertutto: questa è la mia mission. Tra gli imprenditori e la gente comune ed essere come il sole che tutto illumina. Quindi, vegetariani, vegani, crudivori, carnivori,

pranivori (gente che si nutre di prana) e/o quant'altro, se siete convinti di quello che fate, perfetto, ma non giudicate, non giudichiamo. Il giudicare è uno dei tarli dell'umanità.

"È preferibile un cibo anche un po' nocivo ma gradevole ad un cibo indiscutibilmente sano ma sgradevole". Ippocrate – padre della medicina greca.

SEGRETO n. 3: è preferibile un cibo anche un po' nocivo ma gradevole, a un cibo indiscutibilmente sano ma sgradevole.

Premesso questo, adesso entriamo in qualche importante dettaglio: nutrirsi con i cicli della natura. I dosha fluiscono nell'arco della giornata e ci sono i momenti migliori e quelli peggiori per nutrirsi. L'ayurveda e il buon senso ci invitano a seguire i seguenti punti:

La mattina alzati presto e nutriti di prana; fai esercizi di respirazione e se puoi goditi i colori dell'alba, fai in modo che ti entrino mentre chiudi gli occhi per meditare. Essi nutrono i chakra che sono le turbine energetiche del nostro essere più profondo.

Le ghiandole endocrine sono strettamente connesse con i chakra. Gli ormoni e le emozioni che si generano con le secrezioni ormonali sono strettamente connesse. Le emozioni positive, sane e che curano, si nutrono con i colori del mattino, è come se stessi prendendo una macro aspirina naturale e senza controindicazioni.

Vata: il bio-umore del vento è la legge del movimento e della leggerezza. Usa le ore vata (dalle 2 alle 6 del mattino) per nutrirlo con buona energia fresca, buoni movimenti e buoni pensieri che lo equilibrano. Fai passeggiate, Yoga, Tai Chi, Feldenkrais, accarezzati e auto massaggiati con del buon olio e la domenica massaggia e fatti massaggiare dal tuo partner.

Non iniziare il giorno pensando a quello che devi fare ma perché lo vuoi fare e in più goditi il perché del tuo vivere fluendo con la meditazione e buoni pensieri. Se hai fatto gli esercizi del primo capitolo dovresti anche aver attaccato sullo specchio del bagno la mappa dei tuoi obiettivi.

È il nutrimento più importante! Contattaci se vuoi degli esempi di mappe mentali, saremo lieti di condividerne alcune con te.

Componila con chi ami e con i tuoi figli. È un gioco creativo eccellente per dare qualità alle relazioni. Fallo, non lasciare questo libro sullo scaffale o nel kindle, prendi spunto e arricchisci la tua vita e le tue relazioni.

Nutri il tuo spirito e avrai meno fame. Il cibo è una compensazione di molte cose: insoddisfazione, senso di vuoto, ansia, rabbia, rancore, frustrazione, tristezza, rassegnazione, posticipare cose importanti da fare ecc.

Spesso e volentieri nel cibo cerchiamo: amore, attenzioni, stima, bisogno di attenzione, di nuovi interessi, un metodo anti-ansia, un mezzo per sfogare la rabbia ed emozioni insane varie, bisogno di fare pace con noi stessi e/o con qualcuno.

Nella meditazione del mattino mettici le cose che vuoi e che desideri. Sono i tuoi obiettivi. La meditazione, soprattutto se la personalizzi, se ci metti dentro le tue debolezze e soluzioni alle tue debolezze, ti riallinea e quando mangi sei più centrato.

Ringraziare il cibo ti obbliga a chiudere gli occhi, a respirare e ad aprirti alla vita, ma non devi farlo per circostanza o perché segui una religione senza passione, solo perché lo fanno tutti e lo devi fare anche tu.

Ripeto: la mattina alzati presto e nutriti di prana, fai esercizi di respirazione, leggi i tuoi obiettivi, medita e amati. Osservare i colori dell'alba e del tramonto conferisce uno stato di profondo benessere psicofisico e favorisce un funzionamento armonioso biologico e fisiologico.

La ghiandola pineale (il direttore d'orchestra dei nostri ormoni) è fortemente collegata al sole e ai colori dell'alba e risveglia l'intelligenza intrinseca in noi, l'intelligenza che è in linea con l'intelligenza della vita. I pensieri angosciosi e le emozioni negative spariscono e aumenta la disponibilità di energia.

Essere presenti allo spettacolo dell'alba e del tramonto è fare la miglior cromoterapia del mondo a costo zero. Così mangeremo meno cibi solidi perché siamo nutriti da energia sottile. Provare per credere!

Dalle 6 alle 10 del mattino entriamo nella fase kapha, quella flemmatica, pesante. Se ti alzi tardi sarai appesantito e farai molta fatica a riprendere leggerezza. Le prime ore del mattino valgono oro, dicevano gli antichi.

Kapha è il bio-umore della stasi, della coesione ed è pesante. Quando mangi nelle fasi kapha accumuli e trattieni. Kapha è attivo dalle 6,00 alle 10,00 e dalle 18,00 alle 22,00. Evita i carboidrati in quei momenti della giornata o riducili al massimo, soprattutto se vuoi dimagrire. I carboidrati è meglio mangiarli a pranzo dove pitta predomina e li metabolizza meglio trasformandoli in energia.

Il momento migliore per depurarsi è al mattino perché durante la notte l'organismo espelle tossine. Raschia la lingua come prima cosa. Molti non sanno che cos'è ma credetemi è molto importante. Durante la notte sulla lingua si depositano molte impurità, se non le elimini si depositano e vengono metabolizzate aprendo le porte a disordini e malattie.

Dopo aver fatto le varie depurazioni, come prima cosa da ingerire bevi dell'acqua tiepida. Se vuoi, falla bollire con curcuma oppure limone e miele. Se metti del miele fai intiepidire poiché il miele a contatto con temperature superiore a 40° altera la sua struttura molecolare e diventa tossico.

Se fai fatica almeno bevi dell'acqua a temperatura ambiente. Bere acqua tiepida (meglio ancora se fatta bollire per 15 minuti). Ha un effetto "Niagara" ed elimina le tossine che l'intelligenza intestinale e digestiva ha tirato fuori ma non ancora espulso. Tossine che rimangono nel corpo sotto forma di grasso addominale.

La mattina enfatizza i succhi e gli estratti. L'estrattore è da preferire alla centrifuga, in quanto non altera e non brucia i micro alimenti presenti nei cibi pieni di clorofilla che è il sangue della vita.

Prendi frutta secca e frutta oleosa che danno energia e non appesantiscono. Meglio ancora se li hai messi a mollo la sera prima in modo da risvegliare il loro potere nutritivo. Puoi frullarli insieme a latte e/o latte vegetale o succhi.

Riduci al massimo cibi kapha, soprattutto se hai dei chili da perdere. Kapha è freddo e umido. Domina anche dalle 6 alle 10 di sera, per cui la sera mangia leggero, liquido e caldo. Una zuppa o un bicchiere di latte (da solo è meglio) con un pizzico di zafferano ti permetteranno di dormire leggero e di sognare bene.

Le pre serali di kapha sono le ore migliori per andare a riposare. Un altro antico detto dice: "Un'ora dormita prima della mezzanotte ne vale il doppio".
Personalmente, quando ho le batterie scariche a causa di tanto lavoro, vado a letto prestissimo. Mi aiuta molto a riprendere energia per i giorni successivi.

Pitta dalle 22,00 alle 2,00 di notte lavora per digerire gli alimenti e i pensieri che hai accumulato durante la giornata. Se mangi durante quelle ore interferisci con questo processo naturale e trasformerai gli alimenti in tossine e i pensieri del giorno in incubi e sogni disturbati.
Pitta, il bio-umore del fuoco, è la forza della trasformazione. Il pasto principale è bene che sia quando il sole è più alto, verso le 12/13, quando il sole è allo zenit.

Mangia in silenzio e stai attento ai sapori. Gandhi era molto attento all'alimentazione e amava dire: "Bevi quello che mangia e mangia quello che bevi". Ringrazia la vita e rispetta il cibo. Mangia cibo rispettato e naturale. Prediligi cibi a filiera corta.

Iscriviti a un gruppo d'acquisto per spendere meno e per ridurre l'impatto che hai sul pianeta, per proporre un modo di distribuire alternativo alle grandi catene di supermercati che inquinano irresponsabilmente la tua casa, il pianeta.

I carboidrati mangiali di giorno insieme alle verdure. Li metabolizzerai meglio trasformandoli in energia per il lavoro. Se li mangi la sera li accumuli. C'è un ritmo nel giorno, nelle stagioni e dentro di te. C'è un'armonia tra il dentro e il fuori. Seguirlo è andare in bicicletta in discesa.
SEGRETO n. 4: danza con le fasi della giornata. Se lo fai è come andare in bicicletta in discesa.

Vediamo quali sono i consigli alimentari più idonei per ogni dosha. L'ayurveda da più importanza all'energetica, alle combinazioni, alle sinergie e alla capacità metabolica più che al principio nutrizionale in sé.

Vi darò anche alcuni importanti e semplici consigli da usare nella giornata per ridurre gli sforzi e massimizzare i risultati, e soprattutto per non vivere la disciplina come qualcosa di penalizzante, bensì come qualcosa di gratificante.

Lo stesso vale quando ci diamo come obiettivo un lavoro per raggiungere una forma ideale. Se lo vedi come un sacrificio, non lo seguirai per molto tempo.

Noi crediamo di essere pigri ma non è così. Siamo disposti ad alzarci a ore assurde per andare a lavorare, facciamo qualcosa per i nostri figli o per qualcuno che ci è caro. Lo facciamo e basta. Lamentandoci probabilmente, con un senso di oppressione magari, ma lo facciamo.
Siamo abituati a vedere delle regole di vita come qualcosa che ha a che fare con la seccatura della vita. Il punto è proprio questo: non ci rendiamo conto ma vediamo la vita come una scocciatura. Siamo stati educati così. È una questione di matrice che dobbiamo e possiamo cambiare.

Per questo svegliarsi al mattino e fare delle cose belle, anche solo per dieci o venti minuti, ci ricorderà che la vita è una cosa fantastica. Guardando i nostri obiettivi allo specchio, i primi pensieri non saranno per il nostro odioso caporeparto o per il freddo che fa fuori, ma per il bello che c'è in noi.

Avere il coraggio di sognare, ci dà la forza per affrontare le cose più barbose dell'universo. Quando andiamo in vacanza e abbiamo l'aereo alle 4,00 del mattino, ci svegliamo automaticamente e siamo super efficienti.

È questo che dobbiamo risvegliare: l'attitudine a vivere la vita di ogni giorno con passione. Se non riesci a svegliarti alle 5,00 per fare due ore di super vita, allora comincia con dieci minuti di super vita.
Siamo stati programmati ad essere tristi ma non troppo, ad accontentarci quel tanto, ad accettare che le cose stanno andando così, per cui subiamo lo stile di vita che ci hanno imposto, così come subiamo il lavoro, lo studio, la spiritualità, la medicina e anche l'amore (che diventa tutt'altro).

Il lavoro può essere bellissimo, così come lo studio e ogni cosa che la vita ci porta a fare. Più che mai condivido il pensiero della Mère: "Non è cambiando quello che fai, ma il modo in cui fai le cose che la vita cambia". E ti cambia davvero.

Seguiamo dei modelli standard che il sistema adotta per mantenere un equilibrio sociale. Quello che si vive oggi è un modello che ci vede sostanzialmente come "homo oeconomicus" più che homo sapiens, esseri indotti a seguire una routine giornaliera, stagionale, ed esistenziale (pensa a come si vive la giornata, come e quando andiamo in vacanza e come ci sentiamo quando andiamo in pensione).

Riprendersi in mano la vita, secondo me, lo fai in dieci minuti e forse anche meno. Da dieci poi saranno quindici e poi a salire fino a quando la vita sarà esattamente come vuoi tu. Il tutto parte da quei fantastici dieci minuti. Meglio se venti.

Comunque il principio è quello. Poi ti verrà la voglia di dare sempre più tempo, fino a quando qualunque cosa farai sarai in quel flusso. Una meditazione al giorno di ventiquattro ore, ricordi?

Ecco qui di seguito alcuni punti importanti per nutrirsi bene con e in tutti i sensi, danzando con le leggi della vita:

- Non mangiare se sei nervoso o turbato emotivamente. Se lo fai, quello che assimilerai ti farà male.

- Se hai spazio per quattro fette di pane, mangiane tre. È importante lasciare un quarto di spazio per l'aria affinché i movimenti peristaltici degli intestini possa avvenire fluidamente.

- Non mangiare troppi alimenti per un singolo pasto: l'ideale è quattro tipi di cibo. Esempio: una zuppa, una proteina, del pane e un dolce. Dai modo al tuo intestino di capire cosa sta entrando.
  Gli enzimi digestivi se li bombardi di svariate tipologie di cibo non capiscono più niente e non digeriscono quello che mangi. Risultato? Anziché nutrirti ti avveleni e ti ammali. Gli animali mangiano una cosa sola e bevono solo acqua. Prova a mangiare un mono piatto e a bere solo acqua e vedrai come starai meglio e sarai più efficiente e positivo.

- Stai il più possibile vicino alla natura. Quindi cereali, legumi, verdure e frutta di stagione.

- Porta attenzione alle giuste combinazioni. La frutta da sola e fuori dai pasti. Se hai fame fuori dai pasti mangia frutta, oppure finocchi o carote. Con il tempo il tuo stomaco si abituerà a mangiare nelle ore prestabilite.

- Dai tempo al tuo stomaco di digerire; fallo riposare e non sovraccaricarlo troppo con troppi e inutili pasti.

- Se sei abituato a stuzzicare fuori pasto, la frutta è un bel modo per iniziare a disabituarti da questa abitudine, soprattutto se mangi di notte.

- Fare uso di acqua calda appena alzati favorisce l'evacuazione e la depurazione dalle tossine accumulate nel giorno precedente.

- Evita acqua fredda e bibite gassate e fredde.

- Mangia cibi che ti danno acqua e non la tolgono. Evita cibi secchi, soprattutto se sei di costituzione vata.

- Mangia il più possibile cibi biologici e carni provenienti da allevamenti biologici, meglio ancora se di cacciagione e meglio ancora se riduci al massimo le proteine animali.

- Si sconsigliano la carne e le proteine animali dopo i cinquant'anni. Il metabolismo cambia e si metabolizza meno.

- Cambia cereali e legumi il più possibile.

- Riduci il grano e i cereali raffinati.

- Evita i cinque veleni (riso bianco, latte vaccino pastorizzato, zucchero bianco, sale bianco, farina bianca, in particolar modo la farina 00).

- Tutti mangiano ma pochi portano attenzione ai sapori che in ayurveda sono sei: dolce, salato, acido, amaro, pungente e astringente. Fare in modo di assumerli quotidianamente.

- Evita la televisione e i cellulari. Sostituisci con buona musica o semplicemente ascolta il tuo stomaco. Porta attenzione al sapore.

- Mangia lentamente e in consapevolezza. Questo alza il metabolismo e migliora la digestione.

- Fai in modo di avere davvero fame. Porta attenzione all'appetito. Un ottimo aperitivo è acqua calda e zenzero. Questa bevanda alza il fuoco digestivo e metabolizzi meglio quello che mangi, soprattutto se hai una digestione lenta.

- Ogni giorno bevi un thermos pieno di infuso allo zenzero. Un goccio di tanto in tanto durante la giornata. ottimo per chi vuole perdere peso, per chi soffre il freddo; è un ottimo antidolorifico naturale per dolori vari.

- Usare spezie ed erbe officinali. Prima degli anni Sessanta, ossia della "fast food generazione", tutti mangiavano erbe aromatiche e spezie. I nostri padri consideravano inconcepibile mangiare senza gli aromi e le erbe spontanee.

- Evitare l'uso di alcool. Nell'alimentazione yogico/ayurvedica si sconsiglia l'uso di alcool perché intossica la mente e il corpo.

Uno dei contributi più preziosi del sapere orientale è la teoria delle qualità o guna. Secondo tale teoria, l'energia si divide in tre principi: buona energia senziente, sattva per la precisione; energia mutativa, passionale, rajas, in sanscrito, e per finire l'energia statica, letargica, indolente, avente come nome indiano tamas.

Tutte le energie sono necessarie come gli elementi e le forze bio-umorali, sapientemente usate in consapevolezza. Nel caso del vino e dell'alcool, ci troviamo di fronte a una sostanza che ha energia tamasica.

Quando iniziamo a meditare e la meditazione si fa costante, percepiamo come l'uso di alcool, tabacco e anche alcuni cibi, tra cui la carne rossa, ci predispongono a una mente turbolenta.

Queste energie, in medicina ayurvedica e nella pratica yogica, vengono usate con sapienza. Per uso curativo ad esempio, e mi vengono in mente i vini medicamentosi oppure la propoli e altri rimedi messi a macerare su base alcoolica.

In questo caso, l'alcool è un veicolo che permette ai principi curativi delle erbe di entrare in profondità. Famosa in questo senso è la cura di aloe, miele e alcool di Padre Romano, che nelle favelas brasiliane ha curato migliaia di poveri; cura, tra l'altro, che consiglio vivamente quando si vuole fare un percorso depurativo.

Nella mitologia c'è una grande lotta tra dei e demoni per ottenere il soma o amrita (nettare d'immortalità) con il quale dominare il mondo. In sintesi, in un grande ed epico scontro tra dei e demoni, Viṣṇu, considerato il dio più importante, inganna i demoni e dà loro vino facendo loro credere che sia nettare.

Così i demoni vengono intossicati e sconfitti. La leggenda dice che nell'invertire la coppa del nettare con quella del vino alcune gocce di nettare caddero nel vino. A causa di questo si ha quella sensazione di benessere che danno il vino e l'alcool in generale.
Ma si tratta di una sensazione illusoria, come lo sono tutte le droghe. Una sensazione di benessere che paghiamo poi a caro prezzo, sia a livello individuale sia a livello sociale.

Ad ogni modo non dobbiamo reprimerci, le abitudini dannose si cambiano nel momento in cui ci si avvicina a una modifica delle abitudini. Verrà automatico.

Personalmente mi rendo conto di come sia importante per un sano stile di vita e per avere successo nella vita e nelle relazioni non assumere droghe di nessun tipo e in nessuna quantità. La mente e gli organi sensoriali a essa connessi hanno bisogno di essere vigili e lucidi per non creare deviazioni, abbassamenti energetici e confusioni.

- Nutrirsi di prana con esercizi di respirazione mirata che migliorino il metabolismo e ti diano energia ed efficienza psicofisica.

Lo Yoga insegna degli esercizi interessanti in grado di mettere in equilibrio l'emisfero destro con quello sinistro. Si chiama Pranayama e ti consiglio di apprenderlo con un docente qualificato e non prima di aver seguito un percorso depurativo, perché fare certe pratiche richiede un corpo abbastanza depurato altrimenti le tue tossine circoleranno anziché essere espulse, creando più danni che benefici.

Oggi va molto di tendenza uno Yoga fitness, che mira più alla forma che a un'armonia interna. Molti insegnanti non danno importanza a un'igiene mentale e fisica, indispensabili prima di apprendere certe tecniche.

- Nutrirsi di buoni pensieri con delle sane letture. La lettura è sana influenza. Dalla lettura attingi forza per affrontare meglio le sfide della vita e sviluppi nuove competenze e abilità. Migliora il tuo valore sul mercato.

Personalmente, molti dei miei corsi sono stati strutturati leggendo libri di maestri che hanno scritto testi e hanno tenuto corsi prima di me. Io ho aggiunto del mio e ho sempre tenuto corsi ricchi e originali.

Ultimamente, nelle mie scuole, invito i maestri che mi hanno ispirato. Potrei fare tutto io, toccare materie in cui ho dimestichezza, ma voglio il massimo per me e i miei allievi. Invitando il meglio e docenti competenti e motivati cresco e comunico professionalità.

I miei allievi mi amano per questo, si fidano di me. Questo per me è successo personale prima ancora che successo lavorativo o imprenditoriale. Quindi studiate, leggete. Inserite libri nella vostra alimentazione.

Io quando ho un problema leggo su quel problema. Grazie a questo sono letteralmente sopravvissuto a dei momenti neri della mia vita. Spesso, ad esempio, ho incontrato delle figure estremamente narcisiste, persone che mi stavano letteralmente distruggendo; faticavo a riconoscerle e quando lo capivo era ormai troppo tardi.

Grazie alla lettura di libri sull'argomento ho scoperto come riconoscere al volo i narcisisti e non farmi più intrappolare. Ho poi messo nelle mie meditazioni alcuni punti importanti per far sì che non entrassero più nella mia vita (e non solo nella vita affettiva).

Adesso finalmente conduco una sana relazione di coppia, dopo non pochi ed estremamente dannosi tentativi fatti in passato con altre compagne. Ma questo è un esempio. Leggere fa bene all'anima. Un leader di sé stesso legge, studia, si nutre di arte e di buona compagnia.

- La meditazione è un nutrimento dell'anima e non solo. Per chi volesse ritrovare un sano rapporto con il cibo e non una compensazione (bulimia e anoressia), la meditazione svolge un ruolo fondamentale, come nei casi delle dipendenze. La meditazione è anche medicina e previene in maniera efficace cardiopatie, senilità e invecchiamento precoce del corpo e della mente.

Il motivo è semplice: vi è in noi un'intelligenza profonda, intrinseca. Per uscire dalle dinamiche compulsive e dalle abitudini erronee dobbiamo entrare in contatto con questa intelligenza profonda e la meditazione è lo strumento migliore. Questo vale sia per rieducare alla giusta nutrizione, ma altresì come terapia di supporto per affrontare disagi e malattie anche gravi.

A tal fine, ho un gruppo aperto su Facebook che si chiama "IL

MAESTRO CHE E' IN TE - MEDITAZIONI". Ci si incontra ogni giovedì sera e si medita insieme. I membri del gruppo propongono l'argomento e si inserisce nel programma.

- Ricordati sempre che il maestro sei tu, gli altri sono solo guru e coach, importanti da ascoltare con la massima attenzione ma sempre e comunque con il beneficio del dubbio, specialmente oggi dove i maestri e i coach crescono come i funghi.

SEGRETO n. 5: lascia tutto e seguiti. Creati il tuo programma e seguilo.

RIEPILOGO DEL CAPITOLO 4:
- SEGRETO n. 1: la vita cambia se cambi il modo in cui fai le cose. Cambia il tuo modo di nutrirti.
- SEGRETO n. 2: metti consapevolezza in quello che mangi. Quello che mangi è ciò che ti nutre oppure intossica.
- SEGRETO n. 3: è preferibile un cibo anche un po' nocivo ma gradevole, a un cibo indiscutibilmente sano ma sgradevole.
- SEGRETO n. 4: danza con le fasi della giornata. Se lo fai è come andare in bicicletta in discesa.
- SEGRETO n. 5: lascia tutto e seguiti. Creati il tuo programma e seguilo.

Capitolo 5:
Il potere nascosto delle tue mani

Cambiare il mondo a partire da noi stessi, dal prendersi cura di noi. Lo so, è dura da credersi. È stata una bella fortuna per me essere cresciuto in un momento di grande fermento, di grandi ideali.

Anche oggi, ad ogni modo, se portiamo attenzione alla rivoluzione tecnologica che stiamo vivendo, possiamo capire che disponiamo di grandi opportunità. Basta saperle usare, saperle cogliere e metterle in pratica.

Il potere di cambiamento che vivevo negli anni Settanta con i suoi ideali e il mettere in discussione i valori della tradizione, i tre nemici di allora che nella sinistra di quel tempo erano lo Stato, la Chiesa e la famiglia. Erano anni caldi in cui si metteva tutto in dubbio e si cercavano valori nuovi e modelli diversi.

In un certo qual modo mi ricorda molto quello che sta succedendo oggi con la rivoluzione tecnologica che ci permette di aprirci a mondi e potenzialità nuove.

Sta cambiando tutto molto velocemente e stiamo andando verso un modo nuovo di vivere, in cui il modello non sarà più basato sul lavoro che verrà fatto da automi ma sulla conoscenza.

Gli antichi Greci parlavano dell'età dell'Oro o del Satya Yuga in Oriente, un'era in cui l'umanità non aveva bisogno di lavorare e dove i bisogni di ognuno erano soddisfatti spontaneamente.

Produciamo sette volte il fabbisogno mondiale. In Italia c'è grande fermento per il reddito di cittadinanza e in vari Stati è già una realtà.

Quello che si vede di noi, quello che ognuno di noi crede di essere è la punta di un iceberg. Sotto la superficie esiste una montagna sottomarina enorme e fuori ne vediamo solo la cima. La stessa cosa vale per quello che c'è lì fuori.

Crediamo che ciò che c'è fuori sia la realtà, mentre è solo un piccolissimo spicchio. Ignoriamo quello che c'è in Africa, in Asia, persino le varie facce e culture italiane ci sono ignare. Abbiamo paura delle genti di colore, ma non le conosciamo. Cosa ancor peggiore, è che crediamo di sapere tutto.

I mezzi di comunicazione ci danno visioni che non sono di prima mano, spesso e volentieri alterate da forze politiche e interessi di multinazionali che vogliono farci pensare e desiderare in un modo prestabilito. Così è anche per la mentalità collettiva che ci circonda, una psicologia di crisi, di paura, di diffidenza.

Personalmente sono convinto che oggi ci siano delle potenzialità incredibili e che ci siano le basi per una cultura di benessere e di abbondanza, di successo con noi stessi, nel lavoro e nelle relazioni affettive e lavorative.

La nostra è una società che considera il prendersi cura di sé come una cosa poco utile e un po' egoistica. Allo stesso tempo facciamo la coda e ci indebitiamo per l'ultimo modello di telefono.

L'immagine che abbiamo dei nostri genitori è che si sacrificano per noi, impazzendo per darci tutti gli status symbol che ognuno deve avere. Da bambini ci riempiono la testa di concetti su come ti devi impegnare, devi sforzarti; ci fanno credere che studiare sia giusto e che comporti fatica, e se non lo fai sei un cattivo bambino.

Quando cresciamo, questo paradigma cresce e molti arrivano alla fine della vita con queste convinzioni.

Prendersi cura di sé è il principale dovere della vita e anche il più trascurato. L'istinto di sopravvivenza va sviluppato, affinato e trasformato per farlo diventare istinto di eccellenza. L'eccellenza è l'aspirazione a "essere la migliore versione di noi stessi", usando un pensiero di Giacomo Bruno, mio editore, amico e maestro.

Personalmente credo che i cambiamenti che stiamo vivendo siano conseguenza di un ponte evolutivo importante, un ponte in cui l'uomo potrà e dovrà lavorare meno. Credo che presto potrebbe esserci una decrescita felice, una riduzione dei consumi e del lavoro.

L'uomo potrebbe così sviluppare virtù, conoscenze e soprattutto benessere. Dipende da me, da te e, pensa un po', parte tutto dalla persona che vediamo riflessa nello specchio del bagno la mattina, dai pensieri che leggiamo sulla nostra carta degli obbiettivi e dal prendersi cura di sé, a partire dall'automassaggio: Il nostro tuffo nell'infinito quotidiano.

Viaggiare è uno dei doni più preziosi che si possa fare in questa vita. Quando viaggi vedi con i tuoi occhi. Viaggiando conosciamo culture e modi di vivere la vita che arricchiscono la nostra.

Come le spezie arricchiscono e rendono i cibi più buoni e più sani, così le storie, le abitudini e le tradizioni delle varie culture ci aprono valvole nel cervello, e all'improvviso scopriamo che ci sono delle cose stupende, tesori d'incommensurabile valore a nostra portata di mano, che prima ignoravamo.

"Il vero viaggio di scoperta non consiste nel cercare nuove terre, ma nell'avere nuovi occhi" (Marcel Proust).

Il viaggio comprende anche e soprattutto il viaggio con sé stessi.
Non pensavo che il massaggio potesse essere anche questo.
Nessuno di noi lo pensa perché non lo sappiamo, non ce l'hanno insegnato.

In India magari non mangiano ma si massaggiano e sono felici. Felici, capisci? Sai che cos'è la felicità? Hai mai pianto per troppa gioia? Sentito dentro il senso meraviglioso della vita?

Massaggiati e lo capirai. È lì a portata di mano ogni sacrosanto giorno dell'anno. Tempo? Dai 5 ai 30 minuti; Costo? 10 millilitri di buon olio, cioè, come dire, pochi centesimi. Benefici, secondo il mio punto di vista?

- La bellezza di vedere le cose da prospettive sempre nuove anche se non si esce di casa.
- Lavorerai meglio e con meno fatica.
- Cresceranno in te autostima e consapevolezza del tuo potenziale.
- Avrai un'efficienza fisica e mentale migliore, e ogni giorno migliorerà a discapito del tempo che va avanti, potendo rallentare o addirittura invertire il processo di invecchiamento.

- La testa funzionerà meglio e sarai di buon umore. Senza la paura dell'arteriosclerosi.
- Ti verranno idee geniali e soluzioni ai tuoi problemi grazie all'incremento dell'intuito.
- Il tuo partner e i tuoi figli ti ameranno di più e, se non li sopporti più, ti verranno la forza e la determinazione per cambiare.

Circa seimila anni fa, nei Veda, antichi testi indiani, si scriveva: "Questa mano contiene tutte le medicine e con un tocco leggero può curare ogni malattia".

L'ho scritto appositamente tra virgolette per renderlo più evidente, affinché tu possa entrare nell'ottica che sei *divino*, che è necessario esprimere di più e meglio il nostro potenziale.

Le stesse leggi che regolano il macrocosmo regolano il microcosmo, le stesse, e tu non sei un errore di natura. Quindi, prendi in considerazione la possibilità di fare qualcosa di magico, a partire da te.

Vuoi sapere quali sono i benefici del massaggio con l'olio? Nei

Veda è scritto:

1. Jarahar – allontana la vecchiaia.

   È proprio così, volete un corpo senza età? Una mente che non invecchia ma che diventa antica? Preziosa?

2. Shramahar – elimina la stanchezza e il senso di fatica. Da non credersi, non appena inizi a toccarti il viso con le mani unte "schiumate" letteralmente, via il peso dei pensieri e delle emozioni malsane.

3. Vatahar – elimina vata in eccesso. Che vuol dire via le preoccupazioni e le principali cause di invecchiamento.

4. Darshanakar – migliora la vista e tutti gli organi di senso.

5. Pushtikar – aumenta la resistenza fisica. Un massaggio equivale a 10 chilometri di camminata con conseguente riduzione di taglia.

6. Ayushkar – dà lunga vita. Lunga e di qualità.

7. Swapnakar – favorisce il sonno e migliora la qualità del dormire e del sognare.

8. Twakdhritakar – rinforza la pelle e, con la pratica, nel tempo risolve svariatissime problematiche cutanee e inestetismi vari.

9. Klesha Sahatwa – potenzia la reazione alle malattie. Alza notevolmente le difese immunitarie incrementando la produzione di globuli bianchi.

10. Abhigat Sahatwa – accelera la guarigione delle ferite. Nel Vangelo di Luca si legge: "Il buon samaritano gli si fece vicino, gli fasciò le ferite, versandovi olio e vino; poi, caricatolo sopra il suo giumento, lo portò a una locanda e si prese cura di lui".

Il massaggio nell'antichità era di uso comune, anche gli schiavi venivano massaggiati per farli vivere meglio e più a lungo. Visitando la Villa di Adriano a Roma vidi con stupore le terme degli schiavi.

11. Kapha-vata Nirodhaka – protegge dagli squilibri di kapha e vata. Le problematiche sono la depressione, la letargia, la possessività, la tendenza a procrastinare, l'essere sospettosi, scontrosi, affaticati, pesanti.

12. Mrija varna balaprada – migliora il colore e la resistenza della pelle che si mantiene fresca, elastica, luminosa, specialmente se si fanno i trattamenti beauty fai da te.

Da millenni, gli indiani si massaggiano. Lasciamo stare i centri ayurvedici, i maestri (me compreso). Lasciamoli stare e facciamo come loro, massaggiamoci. Massaggiamo i nostri cari, diamo pacche sulle spalle, creiamo contatto. Vedrai che sorrisi! Che miglioramento in te stesso! Che comprensioni immediate, senza bisogno di parole.

E' sicuramente sano andare da un professionista per farsi massaggiare e gli operatori Ayurveda possono dare molto ma se non prendiamo nelle nostre mani la responsabilità del nostro benessere non staremo mai veramente bene. Potremo stare meglio ma non raggiungeremo lo stato di salute che solamente la sana abitudine dell'automassaggio può darci.

In un corso di massaggio di coppia tenuto circa un anno fa, un corso rivolto alla gente comune, per intenderci, alla fine di una lezione di 45 minuti a testa, nel momento delle condivisioni, è accaduto che una donna di 75 anni dicesse al gruppo "In 45 anni di matrimonio mio marito non mi ha mai toccato così".

Uaup! Quanta abbondanza entrò in me. "Sono un uomo ricco e fortunato, prendo e do ricchezza", pensai; la ricchezza della conoscenza. Quindi, e per concludere, vi svelo il segreto numero 1 di questo capitolo.

SEGRETO n. 1: la tua mano ha un grande potere e con un tocco gentile tutto guarisce e tutto risana, compreso te.

"Sì ma non ho tempo...". Conoscete qualcuno che dice così? "Se si ha tempo di respirare si può meditare...": spesso rispondo in questo modo quando mi si obietta la mancanza di tempo per fare una delle cose più importanti al fine di dare un senso, una direzione, al proprio operato, alla propria vita, in sostanza.

Respiriamo con affanno, e con affanno usciamo per andare al lavoro. Con affanno andiamo a fare la spesa e con affanno spesso e volentieri andiamo in vacanza. Con affanno viviamo. ma che vita è? E soprattutto, perché lo facciamo?

Il perché è inconscio. È automatizzato nei nostri modelli comportamentali ed evitiamo di porci domande, oppure non sono vere domande, ma lamentele che ci tolgono senso e vitalità.

Credimi, con la meditazione e il massaggio risvegliamo l'intelligenza interiore, quella sana, cosmica, universale, legata all'intuito, che ci aiuta a riprenderci in mano la nostra vita, che ci rieduca.

Siccome il motivo è indotto e non creato da noi, e ci siamo "adattati" per paura o per ignavia sottostando al "ricatto del pane" o dell'approvazione sociale, non ci siamo mai posti il problema del perché viviamo. La risposta ci è già stata data, giusto?

Se tutti fanno così, se questa è la "normalità" lo devo fare anche io. Già, "lo devo fare"; il *doverlo* fare, non il *volerlo*. Ma non ci è stato insegnato che l'uomo è libero, che gode di "libero arbitrio"?

L'ho già detto nei primi capitoli: cerchiamo il nostro *perché*, poniamoci e poniamo domande, riflettiamo su quello che vogliamo, osiamo sognare. Visualizziamo gli obiettivi davanti allo specchio del bagno.

Lo sapete che in India vengono considerati poverissimi quelli che non si massaggiano la testa e gli organi di senso?

Dominique Lapierre, nel suo libro *Gli ultimi saranno i primi. La*

mia vita accanto ai dimenticati della terra, descrive con stupore come solamente chi non aveva i capelli unti d'olio veniva accettato nei centri di Teresa di Calcutta. Perché?
Perché erano messi così male che non avevano neanche pochi spiccioli per procurarsi un goccio d'olio dal chiosco che vende 4 cose in croce e che l'olio di cocco ce l'ha sempre (In India puoi comperare un goccio d'olio! Puoi comperare una sigaretta, un'aspirina! Sono incredibili gli indiani) e quindi i più poveri tra i poveri.

Lo so che sto dicendo cose un po' estreme ma spesso vedo gente molto povera, poverissima in abiti di lusso su macchine di lusso in case di lusso. Perché? Perché non si godono la vita, non respirano e non si massaggiano. Le loro menti sono piene di falsi bisogni, di falsi valori e vivono un grande vuoto affettivo e relazionale.

SEGRETO n. 2: se non meditiamo e non ci massaggiamo siamo dei miserabili.

Ti ho convinto? Lo facciamo? Bene, quindi iniziamo. Innanzitutto cosa occorre?

- La mappa del Dharma davanti allo specchio (se non l'hai fatta ti consiglio di farla). Segnati sull'agenda ora e giorno, possibilmente entro stasera e comunque ricordati che è urgente, prioritario e importante.
- Scaldino per intiepidire l'olio. Non è necessario ma aiuta davvero tanto. L'olio caldo sulla pelle è un piacere indescrivibile. Il piacere dell'acqua calda è solo una pallida idea al confronto.
- Sgabellino per sedersi.
- Tappetino da bagno che si userà per l'occasione.
- Asciugamano da usare sempre e solo per l'occasione.
- Olio per massaggiarsi. Qui si apre un mondo: il mondo degli oli, unguenti, creme, peeling... che possiamo farci tranquillamente a casa con ingredienti economici. Ne parlerò anche al mio corso: "Gestirsi la vita tra mille impegni".

Al momento va bene qualsiasi olio. Anche quello d'oliva, oppure di cocco, di sesamo o di mandorle. Anche quello da frittura... scherzo, naturalmente.

Per chi non lo sapesse, l'olio d'oliva è un vero toccasana per la pelle. I fenici lo chiamavano "oro liquido". È ricco di molecole antiossidanti, vitamine, minerali e polifenoli, fantastici per la salute della pelle.

La composizione dell'olio è molto simile a quella del sebo umano, ricostruisce il derma e mantiene elastica e luminosa la pelle. È adatto a tutti, dai bebè agli anziani. Ottimo per ungersi il cuoio capelluto prima della doccia e dello shampoo.

Protegge dall'effetto aggressivo di quest'ultimo (attenzione ai parabeni, derivati del petrolio, responsabili di molti tumori alla pelle) e i capelli si fanno forti, prevenendo l'incanutimento e le calvizie.

SEGRETO n. 3: l'olio sulla pelle è "oro liquido". L'olio d'oliva è una miniera d'oro.

Molti sono gli oli consigliati nel massaggio, ma per il momento possiamo anche iniziare con il nostro, o con quello che avete in cucina. Con calma potrete approfondire l'argomento.

Personalmente con l'olio faccio molte cose.

Non uso più schiuma da barba. Mi ungo bene il viso e il rasoio scorre perfettamente, perché l'olio è altamente emolliente. Dopo la rasatura ancora olio e i rossori spariscono. Lo distribuisco sotto le ascelle e nelle parti intime, al posto del deodorante.

Nelle articolazioni uso oli medicati oppure olio all'arnica o oli ayurvedici specifici che sono davvero eccezionali; come si ungono i meccanismi delle macchine, così lubrifico le mie articolazioni.

Solitamente ho sempre con me i miei oli ma se mi capita di dimenticare la borsa da toilette, dovendo fermarmi in un albergo, ne chiedo un po' in cucina. È divertente vedere la faccia stupita degli amici e del personale dell'albergo quando mi capita di spiegare loro i benefici dell'olio sul corpo.

Da una prospettiva ayurvedica vediamo i benefici del massaggio con olio per tutte le tipologie psico-somatiche.

Fa bene a vata perché vata tende ad avere la pelle secca e il sistema nervoso irrequieto. L'olio ha proprietà emollienti e calmanti. Fa bene a pitta perché pitta ha la pelle sensibile, l'olio stimola la circolazione e calma l'impeto del cuore.

Non a caso è consigliato a chi ha problematiche cardiache. Fa bene a kapha perché tonifica e dà dinamismo. Combatte quindi l'attitudine all'indolenza.

L'automassaggio favorisce l'incremento della serotonina, (l'ormone del buon umore) e diminuisce il cortisolo che si genera con lo stress. Nell'appendice a fine libro potrai trovare la sequenza dell'automassaggio oppure scaricare il video dai nostri canali.

SEGRETO n. 4: ungiti che ti passa: cospargi il tuo corpo di buona energia e di serotonina.

Con l'automassaggio hai lavorato sulla pelle e sul senso del tatto. Siamo fatti di cinque elementi e ogni senso è in relazione con ognuno di essi. Le pratiche del mattino lavorano su tutti i sensi e ti riallineano con l'energia della vita e dell'universo.

Il concetto di salute in Ayurveda è il seguente: "Colui i cui dosha sono in equilibrio, la cui digestione è buona, i cui tessuti sono normali, le cui funzioni escretorie sono regolari, il cui spirito, mente e sensi rimangono pieni di beatitudine, è un uomo sano" (Sushruta Samhita, 1.200 a.C.).

Da questa visione possiamo dedurre quanto sia importante lavorare sugli organi di senso per prevenire la perdita delle facoltà sensoriali e il buon funzionamento di quelle celebrali e intellettive.
Con l'avanzare dell'età tendiamo a perdere efficienza sensoriale. Vediamo meno, sentiamo meno, etc. I metodi di cura che seguiranno servono proprio a prevenire e rallentare questa tendenza.

Lo stress a cui siamo sottoposti, le ansie, le preoccupazioni ci fanno ammalare precocemente. Viviamo con l'incubo dell'Alzheimer, di perdere la ragione dopo i sessant'anni giusto? Lungi da me l'idea di fare medicina spicciola.

Vero è che queste preoccupazioni sono reali e confermate da dati statistici. Altissima importanza dovrebbe essere data alla prevenzione e alla cura delle malattie mentali e di quelle degenerative del sistema nervoso, alla cura del cervello e degli organi di senso a questo connesso.
La medicina ayurvedica eccelle in questo campo. Lo fa da millenni e lo fa molto bene. È la prevenzione migliore che ci sia. Io la definisco una danza con la vita: diventare saggi, antichi e non vecchi.

Inoltre insegno che, al di là della prevenzione, c'è la bellezza del vivere. Non faccio queste cose solo per "prevenire" le malattie, ma per "promuovere" il benessere, per celebrare la vita; danzo con la vita e danzando ne colgo la bellezza ogni giorno.

Continuo ad essere bambino e a giocare come giocano i bambini, con i miei figli e con la vita. Allo stesso tempo acquisisco conoscenze, competenze, abilità in modo da essere sempre migliore, da crescere costantemente, così, quando sarò anziano, avrò sempre qualcosa da dare, storie da raccontare e saggezza da condividere.

Da questa prospettiva sul mio futuro, e dalla ricerca costante della bellezza, della poesia, del senso della vita, traggo motivazione ed energia positiva per realizzare i miei obiettivi attuali, personali, di famiglia, nel lavoro.
Da tutto questo ricevo anche la soddisfazione di aiutare migliaia di persone a diventare re e regine di sé stessi e re e regine di speranza, per l'umanità tutta e per un mondo migliore.

Un antico detto napoletano dice: "La vecchia che ne veleva merì chiù steva e chiù ne veleva sentì" ("La vecchia che non voleva morire più stava e più ne voleva sentire").

Quindi, nelle nostre mani abbiamo un potere enorme pe prenderci cura innanzitutto di noi stessi; senza dimenticare che la testa e il cervello sono molto ma molto importanti. Se perdiamo le nostre facoltà mentali e intellettive, anche se siamo con un fisico alla

Barbie o stile Big Jim, non ci divertiamo più nel magico gioco della vita (*lila* in sanscrito), siamo "fuori dal gioco" perché non siamo più in grado di "metterci in gioco".

Andiamo quindi a vedere l'importanza della manutenzione degli organi sensoriali.

Pulizia della lingua
La pulizia della lingua è una pratica antica, una procedura di igiene e anche un rituale ayurvedico di purificazione. Il beneficio principale è che rimuove le tossine che durante la notte l'organismo produce e che vanno verso l'esterno tramite la lingua e la pelle.

Molte persone che soffrono di "lingua bianca" o di alitosi traggono grande beneficio da questa pratica. Apri la bocca e tira fuori la lingua al massimo e a forma di "V" al massimo ma senza esagerare (se ti viene il conato di vomito stai esagerando). Sii gentile con il raschiamento per non irritare le papille gustative. Risciacqua spesso il raschietto per togliere la patina bianca che tirerà a sé.

L'eliminazione delle tossine e delle impurità e lo studio della tossicologia in ayurveda è una tra le branche più importanti. Le depurazioni sono un aspetto perno dell'approccio alla salute e alla sua prevenzione.

L'ayurveda prima depura in profondità e poi ringiovanisce letteralmente organismo, corpo mente con tonici e afrodisiaci dal profondo effetto ringiovanente.
La tossina in ayurveda viene definita "ama" ed è appiccicoso, viscido, colloso, ostruisce i canali e i tessuti portando invecchiamento e malattia. Lo so, non è bello vedere questa sostanza quando si pulisce la lingua, ma meglio portare fuori le tossine che lasciarle dentro, giusto?

Ci sono diversi tipi di raschietto. Il migliore è quello di rame. Ottimi comunque tutti, da quello d'acciaio a quello di plastica. Raschiando la lingua rimuovi le particelle di cibo e i batteri che vi sono sulla sua superficie e riduci del 75% i sintomi dell'alitosi, cosa che il lavaggio dei denti non fa. Riduci altresì la formazione di carie. Ricordiamo infine che i residui tossici hanno un effetto negativo sul metabolismo e sulla capacità digestiva.

Happy nose happy brain. Pulizia del naso.
Naso felice, cervello felice. Questo detto ayurvedico denota la grande importanza di prendersi cura dei nostri organi sensoriali, in particolare del naso che è l'organo sensoriale dell'olfatto e quello più vicino al cervello.

Tra i cinque sensi l'"olfatto è quello più connesso con la nostra memoria. Gli odori e i profumi ci riportano immediatamente, alla velocità di un nano secondo, a ricordi antichi, esperienze vissute decine e decine di anni fa.

È molto importante ungere le narici con olio. Tra gli oli di base consiglio il sesamo perché è il più nutriente. Va comunque bene qualsiasi olio, a parte quello di frittura…

Il migliore di tutti è l'anu tailam: un olio medicato preparato da un decotto di 28 erbe e olio di sesamo nero. Tradizionalmente viene usato per congestione sinusale, disturbi agli occhi, faringite, infezioni delle vie respiratorie superiori e condizioni della testa e del collo.

È considerata la migliore medicina per la pulizia dei canali della regione della testa e del viso. Tra queste 28 erbe (l'ayurveda usa molto le sinergie) la principale in sanscrito si chiama Brahmi. Lo stesso nome che in India si dà a Dio, Brahmā. Sai perché?

Brahmi, nome botanico Bacopa Monnieri, è l'erba ringiovanente e rivitalizzante più importante in Ayurveda, in particolare per il sistema nervoso. Le sue referenze come rimedio ayurvedico si possono ritrovare in testi datati 3.000 anni fa.

Pacifica tutti e tre i dosha (vata, pitta, kapha) ed è sempre più nota per le sue qualità sulla funzione cognitiva: memoria, concentrazione, apprendimento, acuità mentale e capacità di elaborazione delle informazioni. Un vero e proprio "amplificatore" dell'intelletto.

Se hai problemi a trovarlo scrivimi pure. L'unzione nasale (con anu tailam) di riflesso nutre anche gli occhi e le orecchie. Il suo uso prolungato aiuterà inoltre problematiche relazionate a cervicalgie.

Il motivo è semplice: gli oli ayurvedici vengono preparati con delle metodologie alchemiche (l'alchimia nasce in India molti millenni or sono e la farmacopea ayurvedica è di fatto alchimia applicata alla medicina; la farmacopea indiana è, per inciso, tra le più antiche al mondo) che permettono l'assorbimento nei tessuti più profondi del corpo.

Sempre per il naso si suggerisce due/tre volte alla settimana la pulizia con acqua tiepida e sale con un oggetto chiamato lota che ha la forma di un innaffiatoio in miniatura. Si consiglia di apprendere la tecnica con una guida esperta. Per questa tecnica e consigli in generale non esitare a contattarci su ilguruseitu@gmail.com

Questa antica tecnica aiuta a prevenire e a curare i disturbi delle prime vie respiratorie e dell'apparato bronco-polmonare, alleviando sinusiti, allergie, raffreddori, riniti e fastidi alle orecchie, alla gola, agli occhi e le emicranie.

È utilizzato anche in ortodonzia e dai logopedisti. Inoltre calma la mente, riduce l'ansia e la depressione; equilibra il respiro nelle due narici armonizzando il respiro e il sistema nervoso.

Stimola l'intuizione e riattiva il terzo occhio da cui traiamo le deduzioni più geniali e da dove sono scaturite le opere d'arte e le scoperte più prestigiose.

Quello che posso condividere con te sulla base della mia esperienza è che prendersi cura del naso al mattino ti fa uscire di casa con un'efficienza mentale notevole, utile soprattutto a chi svolge attività di concetto e di impegno intellettuale.

I saggi definiscono lo Yoga e l'Ayurveda le droghe perfette perché inducono la produzione delle endorfine dall'interno e in modo naturale, senza il ricorso a sostanze esterne. Non avremo quindi bisogno di stupefacenti e proveremo esperienze benefiche con rilascio di endorfine naturalmente e spontaneamente. Provare per credere.

Pulizia del tratto orale
Gandusha: gargarismi e risciacquo orale – Antica pratica dai Veda. Il risciacquo orale va molto di moda oggigiorno. È una

pratica nota con il nome inglese "oil pulling". Usata molto da cantanti e da chi usa tanto la voce.

I suoi benefici vanno molto oltre il semplice miglioramento della voce, cosa di per sé non poco importante. È una pratica molto semplice, del tutto innocua e poco costosa. Il risultato più evidente del risciacquo con olio è la migliorata salute dentale. I denti diventano più bianchi, le gengive più rosa e con un aspetto sano e l'alito più fresco.

Già solo questo rende il metodo di valore, ma i benefici per la salute non si fermano qui. Molti problemi di salute migliorano o guariscono del tutto. Il gargarismo con olio ha il potenziale di dare un aiuto consistente nel trattamento di qualsiasi malattia o condizione cronica.

Questo semplice metodo permette di trattare efficacemente le malattie più svariate. Meglio utilizzare oli spremuti a freddo ma vanno bene anche quelli non biologici. Il fattore interessante del gandusha è la sua semplicità. La pratica consiste in risciacqui tirando e spingendo nella bocca olio (di cocco, di girasole o di sesamo), meglio se spremuto a freddo.

È l'organismo umano che da solo compie il processo di guarigione. In questo modo è possibile curare cellule, tessuti e tutti gli organi simultaneamente, il corpo stesso si libera di rifiuti tossici senza disturbare la microflora sana.

Il momento migliore per fare il gargarismo con olio è al mattino a stomaco vuoto, dopo essersi puliti la lingua. Si beve un sorso d'olio e lo si muove nella bocca lentamente con i movimenti che si fanno quando ci si risciacqua la bocca.

"Sorseggiare, succhiare, tirare e spingere avanti e indietro attraverso i denti" per quindici-venti minuti. Mentre lo trattenete potete farvi l'automassaggio. Questo processo emulsiona l'olio con la saliva. Il risciacquo attiva gli enzimi e gli enzimi drenano le tossine dal sangue.

L'olio non deve quindi essere ingerito, per il fatto che continuando questo procedimento raccoglie sempre più tossine. Mentre il processo continua, l'olio diventa più sottile e bianco. Se l'olio è ancora giallo, il procedimento non è stato fatto per un tempo sufficientemente lungo.

Passato il tempo necessario, l'olio va sputato. Una volta espulso, la cavità orale deve essere risciacquata accuratamente con acqua di rubinetto aiutandovi con un dito.
Buttate l'olio nel water e non nel lavabo poiché la saliva sputata contiene batteri nocivi e rifiuti corporei tossici. Se si dovesse osservare una goccia di questo liquido ingrandita 600 volte al microscopio, si individuerebbero microbi nel loro primo stadio di sviluppo.

Durante la pratica del gargarismo con risciacquo il metabolismo è intensificato, migliorando quindi la salute. Uno dei risultati più sorprendenti di questo processo è il fissaggio dei denti allentati, l'eliminazione del sanguinamento delle gengive e il visibile sbiancamento dei denti.

Il gandusha dà risultati migliori prima di colazione. Per accelerare il processo di guarigione, può essere ripetuto tre volte al giorno, ma sempre prima dei pasti a stomaco vuoto.

Benefici:

Riduce o elimina l'alitosi

Previene gengiviti e carie

Allevia dolori alla mascella

Rende i denti più bianchi e la pelle più bella

Allevia il mal di testa

Disintossica

Rinforza i reni e il fegato

Regola gli ormoni e il ciclo mestruale

Allevia l'asma.

La pratica del gandusha aiuta nella cura di malattie come l'emicrania, la bronchite, i denti malati, la trombosi arteriosa, le malattie del sangue croniche quali la leucemia, l'artrite, paralisi neuro fisiologiche, gli eczemi, le gastroenteriti, la peritonite, le malattie cardiache, le malattie renali, la meningite e i disturbi ormonali femminili.

Il beneficio del metodo è che aiuta a guarire il corpo intero in modo permanente e ad essere di grande supporto anche in caso di patologie molto gravi.

Precauzioni
L'olio va sputato ma non preoccupatevi se si ingoia. Se si è allergici a una particolare marca di olio, è opportuno cambiarla o provare con un olio diverso. Gli oli di semi di girasole e di sesamo si sono rivelati ugualmente efficaci nella cura delle malattie.

Risultati con la pratica gandusha
Questo semplice metodo rende possibile guarire completamente un'ampia varietà di malattie. È sorprendente come attraverso questo metodo di guarigione biologica una grande varietà di sintomi sia indiscutibilmente scomparsa senza effetti collaterali. La cosa è stata comprovata da analisi e studi medici.

L'efficacia di questo semplice sistema di guarigione è dovuta all'effetto stimolante che ha sul sistema di eliminazione del corpo.

Massaggio gengivale
È buona regola massaggiare le gengive con olio di sesamo al fine di prevenire la piorrea e l'indebolimento dei denti. Il massaggio gengivale appartiene alle tradizioni popolari di tutto il mondo.

Si pensi che in Valtellina, negli anni passati, si usava massaggiare i denti dei bambini e si allineavano con le dita perché non venissero storti. Usanza che purtroppo si è persa come versare il latte materno o di mucca nelle orecchie dei bambini in casi di otite e molte atre usanze dei nonni che ridurrebbero di molto l'uso degli antibiotici, tachipirine, etc...

Ricetta per dolori e infiammazioni
Un cucchiaino di curcuma disciolto in poca acqua con mezzo cucchiaino di sale e mezzo cucchiaino di olio di senape: deve essere una pasta per massaggiare le gengive. Da ripetere due volte al giorno, applicata su gengive e denti, è provato l'effetto antibatterico e anti-infiammatorio.

Se c'è mal di denti, un massaggio di curcuma può alleviare. In caso di dolore ai denti, polverizzare finemente i chiodi di garofano e mescolare alla curcuma.

Ricetta per avere denti bianchi
I limoni sono noti per le loro proprietà antisettiche e antibatteriche. Il limone può stimolare la crescita gengivale,

inoltre combatte l'alito cattivo. I limoni sono un alimento acido, pertanto ricordati di non abusarne per non distruggere lo smalto dei tuoi denti.

Non utilizzare l'olio di limone ogni giorno. Usalo una sola volta alla settimana. Se vuoi puoi prepararti tu stesso dell'olio di limone fatto in casa.

Come preparare l'olio di limone.
Ingredienti:
da ¼ a ½ tazza di olio d'oliva
da ½ a 1 limone appena spremuto

Procedimento:
Metti l'olio d'oliva in un barattolo e aggiungi il succo di limone. Copri bene e agita. Lascia il composto a decantare per un paio di settimane. Ricordati di scuotere il vaso ogni giorno. Dopo tre o quattro settimane è possibile utilizzare l'olio.

Come si usa
Applica po' di olio di limone sulle dita e massaggia le gengive per

un paio di minuti. Esegui quest'operazione non più di 2 volte in una settimana.

Pulizia e nutrimento degli occhi

La percezione visiva è legata a pitta che conferisce chiarezza e luce. Se pitta si altera, genera le patologie tipiche di questo dosha: arrossamento, irritazione, infiammazione.

Per la cura dell'occhio l'Ayurveda prevede rimedi quotidiani o preventivi. Esistono molteplici strade generalmente riguardanti la pulizia o la decongestione.

La più semplice è mescolare acqua con la saliva e fare dei bagni oculari. Se si vuole compiere un lavoro più approfondito, allora non possiamo fare a meno di parlare del ghee (burro chiarificato).

Il ghee è considerato una panacea in Ayurveda. È la parte chiarificata del burro non salato e si ottiene con un lento processo di cottura che permette l'eliminazione della parte acquosa, del lattosio e della parte proteica. Rimangono così grassi saturi che sono fondamentali per la salute delle ossa, per la protezione del cuore e per la prevenzione dei tumori. Il ghee inoltre riduce il "colesterolo cattivo". Nella farmacopea indiana è usato da millenni e in estetica fa miracoli. Per la cura degli occhi è altamente consigliato. Per maggiori informazioni e ricette per la salute e la bellezza scrivetemi a ilguruseitu@gmail.com

Per gli occhi il ghee è un toccasana fantastico. Si ungono i mignoli delle due mani con ghee e/o olio di cocco e si massaggia l'interno delle ciglia. Ungete gli occhi solo con ghee o olio di cocco, perché gli altri oli hanno un effetto riscaldante e non va bene all'occhio, poiché è già di sua natura caldo e sotto l'influsso di pitta.

Per migliorare la vista e prevenire l'indebolimento della visione è consigliato il bagno oculare con decotti o ghee. Come decotto, consiglio la triphala, rimedio ayurvedico dalle molteplici funzioni e considerato una panacea per moltissimi mali. La triphala è un toccasana millenario dalle portentose capacità curative. Un detto dice "nel dubbio prescrivi triphala" perché fa bene come un madre.

Riornando al ghee è bene sapere che è un antirughe eccezionale.

L'unico inconveniente è che il profumo che emaneremo dopo un massaggio al viso ricorderà un po' la cotoletta. Si può usare prima di un incontro e richiederlo a un buon massaggiatore ayurvedico, in debita sede eventualmente, comunque l'odore non è per nulla fastidioso.

Nel massaggio d'amore in coppia sicuramente dà buon umore. Il ghee nella cura del corpo è usatissimo in India, e in cucina viene considerato "il nettare degli Dei".

Sono di natura Pitta e quindi predisposto ad avere problemi agli occhi quando sono sottopressione. Anni fa a causa di una congiuntivite mi prescrissero un collirio a base cortisonica. Mi dissero che non avevo alternative. Tornai a casa, feci il decotto di triphala e in due giorni di bagni oculari tre volte al dì il problema sparì. Uso il ghee alla triphala regolarmente sia su di me che sui miei clienti con risultati davvero sorprendenti.
Non sono contrario ai farmaci. Credo che si debbano usare solamente quando siamo alle strette, quando c'è urgenza. Prima di questo possiamo e dobbiamo usare rimedi naturali perché il nostro corpo-mente è un tutt'uno con la natura.

Scopo di una medicina sana è risvegliare il potenziale di autoguarigione intrinseco in noi, tenendo in considerazione l'equilibrio tra il dentro e il fuori.

Come abbiamo già visto, i pensieri, le emozioni e la materia sono fatti degli stessi macro elementi presenti nel creato. I rimedi ayurvedici sono sani e si ispirano a questo principio. Sono consigliati non solo a chi ha problemi di salute ma anche a chi sta bene per potenziarne le funzioni, sempre abbinati a sane abitudini di vita.

Sempre per la cura degli occhi e il loro potenziamento esistono delle meditazioni che si fanno a occhi aperti osservando la fiammella alimentata dal ghee. Si chiama Trataka e tra i vari benefici c'è anche quello di migliorare la concentrazione. Possiamo addirittura recuperare diottrie e avere occhi luminosi. Magnifico vero?

Il trattamento per gli occhi più efficace e profondo a base di ghee è il netra vasti che consiste nell'applicazione di una pasta posizionata intorno agli occhi. All'interno dell'anello creato viene versato del ghee naturale o meglio ancora medicato.

Il burro chiarificato è una panacea. La cultura indiana lo considera sacro, il nettare degli Dei. Viene usato nella cosmesi e in cucina. È facile da fare, anche se richiede tempo e pazienza. Inoltre il ghee è un afrodisiaco eccezionale.

Un cucchiaio di ghee in un bicchiere di latte tiepido con un pizzico di zafferano dà vigore e non fa male. Il ghee si usa nel massaggio ai bebè sulla fontanella fin dai primi giorni di vita e si crede incrementi l'intelligenza.

In Ayurveda è considerato un vettore che veicola le sostanze ad esso mischiato, alla stessa stregua dell'alcool (vini medicamentosi) e del miele. Nella farmacopea ayurvedica ci sono molti tipi di ghee. Il più consigliato per gli occhi è il ghee a base di triphala, una panacea per la vista e non solo.

SEGRETO n. 5: per una mente vigile e serena, è bene prendersi cura degli organi di senso.

RIEPILOGO DEL CAPITOLO 5:

- SEGRETO n. 1: la tua mano ha un grande potere e con un tocco leggero tutto guarisce e tutto risana, compreso te.
- SEGRETO n. 2: se non meditiamo e non ci massaggiamo, siamo dei miserabili.
- SEGRETO n. 3: l'olio sulla pelle è "oro liquido". L'olio d'oliva è una miniera d'oro.
- SEGRETO n. 4: ungiti che ti passa: cospargi il tuo corpo di buona energia e di serotonina.
- SEGRETO n. 5: per una mente vigile e serena, è bene prendersi cura degli organi di senso.

Capitolo 6:
I bio-umori fuori di noi

L'unica cosa certa è il cambiamento. Che si voglia o no, è l'unica certezza permanente. Dal momento che l'impermanenza è la legge principale della vita.

E' un paradosso che per paura del cambiamento accettiamo condizioni di vita e relazionali inaccettabili.

Per me spesso piuttosto che niente… è meglio niente. Vado verso il cambiamento, lo amo e lo cerco e sempre più vivo quello che voglio.

Il termine *jagath* in sanscrito significa universo e al tempo stesso "entità in continuo e costante mutamento". Dal punto di vista orientale, l'universo è la parte visibile del divino. Un po' come il corpo è la parte che si vede di noi. La realtà manifesta è una parte dell'insieme. La parte più piccola, la punta dell'iceberg.

Nella parte manifesta tutto cambia, tutto è fluttuante, niente è permanente. Ricordare questo ci permette di gestire meglio i momenti difficili, perché sappiamo che passeranno, e ci aiuta ad essere attenti anche nei momenti belli in modo da non perdere l'obiettività.

Mi viene in mente quel detto: "non rispondere quando sei arrabbiato, non fare promesse quando sei felice e non prendere decisioni quando sei triste".

Oppure, cosa ancor più saggia, non credere alle promesse di chi è felice perché spesso non si manterranno. Soprattutto in amore perché è nei momenti difficili che si vedono l'amore e l'amicizia.

Il flusso continuo dei bio-umori (dosha) ci aiuta a comprendere il bello e il perché del cambiamento. L'interrelazione tra i dosha è indispensabile per la vita: l'aria è indispensabile per accendere il fuoco, l'acqua lo controlla, senza l'etere che funge da grande contenitore l'aria non si può muovere e lo stesso è per la terra che veicola l'acqua.

Vata ci dà l'entusiasmo, pitta la motivazione e kapha il senso della concretezza. Ogni cosa è permeata da queste forze. Dei tre dosha, vata è il re perché muove kapha e pitta, per loro natura immobili.

Vata governa la forza catabolica che muove e rilascia energia per la vita. Pitta è la forza metabolica che permette la trasformazione come nella digestione, nelle secrezioni ormonali. Kapha è la forza anabolica che trattiene e dà struttura.

Nella prima fase della vita predomina kapha, infatti l'anabolismo e la crescita fisica sono predominanti, nella seconda parte della vita predomina pitta; il corpo è maturo e stabile e nella terza parte vata incalza e inizia un processo di deterioramento del corpo.

Dal primo momento di vita, vata avanza, dal primo respiro per l'esattezza. Più lentamente respiriamo e più rallentiamo l'avanzamento di vata e più a lungo e meglio viviamo.

L'Ayurveda è la scienza della longevità proprio perché sa come convogliare vata al meglio. Ne ha fatto un focus superbo facendola diventare la scienza della giovinezza e del ringiovanimento per eccellenza.

Ci sono delle leggende incredibili sulla longevità in Ayurveda e nella millenaria e alchemica farmacopea orientale esistono rimedi e tonici completamente naturali. Si chiamano Rajasana e Vajrasana, potenti ringiovanenti e rinvigorenti che letteralmente significano «la forza di un cavallo".
Il cambiamento è quindi alla base di tutto e comprendere il mutamento continuo e costante è la premessa principale per vivere bene e a lungo. Il flusso dei dosha oltre che dentro di noi è presente anche nelle stagioni.

L'autunno e l'inverno sono tendenzialmente vata che domina fino all'arrivo della primavera. In queste stagioni il tempo è instabile: pioggia e sole, vento e pioggia, instabilità in generale. Verso la fine dell'inverno subentra kapha che la farà da padrona fino a primavera inoltrata: freddo, neve, umido, piogge sono le costanti, accumulo di muco e congestioni, depressioni.

Con l'arrivo della bella stagione pitta si manifesta con il suo calore, la sua focosità e la vita è come se ripartisse; ci si innamora e si diventa più positivi. Le stesse variazioni avvengono durante la giornata come abbiamo già visto nei capitoli precedenti.

Se si considerano questi aspetti peculiari non esistono quindi regole fisse ma dinamiche ed è bene tenere in considerazione le peculiarità dei dosha dentro e fuori di noi prima di definire un sano regime di vita e alimentare per ogni persona.
Chi ha costituzione kapha dovrebbe evitare di fare colazione, limitarsi a bere delle tisane calde e cibi speziati adatti alla sua corporatura.

La colazione andrebbe consumata dalle persone di costituzione *vata* e *pitta* tra le sette e le otto di mattina. Il momento più adatto in assoluto per consumare i pasti è all'inizio del tempo pitta, tra le 10 e le 12 di mattino. Quando il sole è più alto.

E' il miglior momento per digerire bene e trasformare gli alimenti in nutrimenti, soprattutto i carboidrati che la sera andrebbero evitati o ridotti al massimo perché, anziché essere trasformati in energia, si accumulano in grassi.

La sera è bene stare leggeri. Una cena troppo abbondante disturba il sonno e porta a sogni agitati.

L'indipendenza non esiste. Senza interazione non sopravviviamo. Sul piano prettamente fisico abbiamo bisogno di cibo solido, di acqua e di aria per sopravvivere.
L'intelligenza umana si è allontanata dalla saggezza della vita e dei suoi ritmi. Possiamo mangiare di tutto e in tutte le stagioni ma ci siamo dimenticati della profonda armonia che c'è tra la salute e gli alimenti stagionali. Ci siamo dimenticati di leggi e principi che sono indispensabili per vivere nell'armonia e nel benessere.

Abbiamo bisogno di aria buona. Camminare ci aiuta anche in questo. Gli orari migliori sono all'alba e al tramonto. Possiamo farlo ovunque. Nelle città abbiamo i parchi ed è una cosa saggia nei giorni liberi andare fuori porta e frequentare posti il più possibile a contatto con la natura.

I colori dell'alba e del tramonto, inoltre, hanno un effetto positivo sul nutrimento visivo. I colori presenti in questi momenti del giorno nutrono tutti i chakra che rappresentano l'involucro del corpo sottile.

Siamo fatti a strati; un po' come le cipolle. Il prana nutre il corpo pranico, e i colori dell'alba e del tramonto il corpo sottile. Il sole inoltre nutre letteralmente la nostra pelle di vitamina D, previene molti problemi dell'epidermide e ci inonda di buona energia.

Stare in piedi davanti al sole di prima mattina per un minuto prima di asciugarsi fa si che la luce bianca si scomponga nelle sue varie lunghezze d'onda e nei vari colori che la compongono (gli stessi dell'arcobaleno), permettendo così l'assorbimento di questi raggi da parte della pelle.
I colori dell'arcobaleno sono in grande connessione con i colori dei chakra. Lo sono anche i colori della natura. L'uomo è un animale fatto per stare a contatto con gli elementi e una delle cause per cui ci ammaliamo è la mancanza di questo contatto.

L'aria va lasciata nella nostra pancia per digerire bene e trasformare gli alimenti in nutrienti. Se hai spazio per 4 fette di pane, mangiane tre, dice un antico detto ayurvedico. Lascia spazio a vata per muovere nel modo giusto i cibi che abbiamo mangiato.

L'acqua è un altro alimento trascurato. Crediamo che bere sano sia bere acqua in bottiglia. Ci hanno portato a temere l'acqua del lavandino e a vedere l'acqua minerale come una panacea.

Le acque che la pubblicità ci propina come acque della salute hanno a carico delle denunce e delle multe per uso improprio delle parole ma non se ne curano perché le entrate sono maggiori delle multe da pagare.

Le acque minerali sono truffe fatte alle spalle della nostra salute e dell'ambiente. Inoltre l'uso della plastica è uno dei problemi principali dell'inquinamento. L'imbroglio dell'acqua minerale in bottiglia è la truffa più rappresentativa del sistema in cui viviamo.

Una pubblicità che rispecchia molto bene il sistema sociale in cui siamo immersi. Un sistema che ci fa credere che il nostro bene in realtà è un grande male, che ci fa bere un'acqua che è vecchia, acida, con valori al di sotto di quelli previsti dalla legge per l'acqua del lavandino.

Ebbene Sì! Perché ci sono due leggi distinte. Nonostante i miei quarant'anni di attenzione al cibo, solamente due anni fa ho capito quanto si sottovaluta l'importanza dell'acqua e quanta poca informazione ci sia in merito.

Ho riso di me e più che mai "ho capito di non sapere", più che mai ho capito che informarsi, guardarsi intorno è una delle cose più belle e più importanti della vita. Quindi vai a dare un'occhiata all'alcalinità dell'acqua, e se vuoi più informazioni contattami pure.

L'acqua è il nostro primo elemento, siamo fatti di liquidi al 90%. Diamo importanza ai cibi solidi, il biologico cresce ma la condizione dei mari, dei fiumi, dei laghi è lasciata a sé stessa.

Puoi usare pasta o riso biologico ma se li cuoci nell'acqua del lavandino così com'è le impurità dell'acqua si incolleranno ai cereali. Meglio fare l'inverso, usa un'acqua alcalina e pulita e mangia cereali non biologici. Ovviamente l'ideale è l'incontro tra acqua e alimenti sani.

Anche se l'acqua del lavandino ha un ph migliore dell'acqua in bottiglia è comunque inquinata. Tra dieci anni al massimo avremo tutti un depuratore dell'acqua in casa proprio come la lavatrice o la cucina a gas.

Ho scoperto che ci sono moltissimi punti in comune tra la dieta alcalina e i principi dell'alimentazione naturale. L'acqua alcalina ha le caratteristiche tecniche dell'acqua himalaiana bevuta dagli hunza – uno dei popoli più longevi al mondo proprio grazie ai principi della loro acqua – dell'acqua di Lourdes e di Nordenau in Germania, dove la gente spende dieci euro per un litro tanto sono alti i benefici.
Andate a vedere il video su youtube: la Storia (e la truffa) dell'Acqua in Bottiglia.wmv e per maggiori informazioni contattatemi. Online disponiamo di corsi informativi sulla cucina e sull'acqua alcalina.

Adesso vediamo i cibi solidi. Non voglio assolutamente essere allarmistico. Per quanto sia un animale "ottimista" la condizione della terra non è messa meglio di quella dell'acqua. Vi consiglio di vedere il documentario *I nostri figli ci accuseranno*. Questo *non deve accadere* del regista Jean-Paul Jaud.

Ogni anno in Europa più di 100.000 bambini muoiono per malattie causate dall'ambiente. Il 70% dei malati di cancro è in qualche modo legato a cause ambientali, di cui il 30% all'inquinamento dell'aria e il 40% all'alimentazione.

Dobbiamo assolutamente svegliarci, rispettare e amare la natura. Non solo per tornaconto personale (senza di lei non possiamo vivere e in realtà ci stiamo autodistruggendo) ma per una legge suprema transpersonale che è la legge dell'amore.

Se l'Ayurveda fosse una religione, la natura sarebbe la sua dea. Questo è il messaggio principale di questa scienza dell'essere.

Viviamo in un sistema che ci ha educato al qualunquismo alimentare. Vedo bambini mangiare schifezze e desiderare cibi assolutamente insani come se fossero dei premi speciali. Difatti facciamo proprio così.

Per fare festa andiamo nei fast food e diamo ai nostri figli bibite gassate e velenose. Consiglio di vedere *Super Size Me*. Un film pazzesco diretto da Morgan Spurlock e candidato all'Oscar nel 2005 come miglior film documentario, grande denuncia sui cibi spazzatura e sui loro effetti sulla salute.

Siamo stati educati da una pubblicità subliminale e abbiamo sviluppato una visione distorta. Ignoriamo del tutto come il cibo influisca sulla nostra salute e anche se la ragione ce lo direbbe, anche se le sensazioni interne (il senso del gusto, le sensazioni propriocettive derivate dagli organi interni) ce lo direbbero, la nostra compulsione emotiva e/o le abitudini apprese ci portano ad essere indifferenti a queste verità.

Sappiamo che ci sono molte cose che ci fanno male a partire dal tipo di vita che facciamo ma continuiamo in maniera automatica. È tutta una questione di matrice. *Matrix*, a proposito, è un bellissimo film, assolutamente da vedere.

Ora vorrei parlarti, con il prossimo segreto, del principio dell'interazione. Dobbiamo capire che non siamo indipendenti ma inter-dipendenti.

SEGRETO n. 1: l'indipendenza non esiste. Siamo interconnessi e interdipendenti. Trattare bene ciò che ti circonda è il modo migliore per trattare bene te stesso.

Viviamo in una cultura imperniata sull'"Io". Sono convinto che questo mondo sopravvivrà solo se entriamo in una cultura del "Noi". Un noi in cui ci possa stare dentro ogni essere umano e ogni entità animale e vegetale.

Un sano universalismo in cui il valore esistenziale possa essere considerato importante tanto quanto quello utilitaristico, se non di più.

L'interazione e l'interdipendenza l'Ayurveda ce le mostra nelle più piccole cose. Dalle piccole cose capiamo le grandi e il "grande obiettivo" della salute è costruito mattone dopo mattone con cose semplici e piccole la cui importanza non si capisce ancora bene e che si sottovaluta.

Nutrirsi in accordo alla propria natura nel fluire del giorno e delle stagioni è una di queste.

Dal momento che il cibo di cui ci nutriamo diventa parte di noi e qualunque cosa venga consumata in forma di cibo, aria e acqua ha un effetto sottile sulla salute del nostro organismo, ne risulta che per avere un corpo sano e una mente calma ed equilibrata, abbiamo bisogno di cibo dalla natura più idonea a noi e di prepararlo in modo da preservare tali proprietà.

Vediamo più da vicino la scienza dei sapori. Confucio, il padre del Tao (da cui deriva lo Zen), affermava: "Tutti gli uomini si nutrono ma pochi sanno distinguere i sapori".

Nei sapori possiamo vedere per l'ennesima volta come tutto è in relazione con i cinque elementi e con i tre dosha. I sei sapori degli alimenti classificati nell'ayurveda sono i seguenti:
1. sapore dolce: terra + acqua (zuccheri, amidi). Aumenta kapha e diminuiscono vata e pitta.
2. sapore salato: acqua + fuoco (sale da tavola, alghe). Alza pitta e kapha e diminuisce vata.
3. sapore acido: terra + fuoco (frutti acidi). Alza pitta e kapha e riduce vata.
4. sapore piccante: fuoco + aria (spezie forti). Alza pitta e vata e

calma kapha.

5. sapore amaro: aria + etere (erbe amare). Calma Pitta e kapha e alza vata.

6. sapore astringente: terra + aria (tè, melograno). Calma pitta e kapha e alza vata.

Andiamo a vederli nei dettagli:

Dolce (terra e acqua)
Il cibo dal gusto dolce è considerato il più nutriente. Esso fornisce vitamine e minerali preziosi per il corpo che sono necessari per assimilare gli zuccheri. I cibi presenti in questa categoria sono cereali, grano, pane, pasta, riso, semi e noci.

Molti frutti e verdure sono anche di gusto dolce. Mangiare dolci soddisfa la nostra fame, aumenta il livello di energia nel nostro corpo e ha anche un effetto calmante. Ma l'uso eccessivo di cibi dolci sbilancia il ciclo interno e porta a obesità e diabete.

Salato (acqua e fuoco)
Il cibo salato, come ad esempio le alghe, aiuta a purificare il

corpo e tonificare le ghiandole surrenali, i reni, la prostata e la tiroide. Esso contiene potassio e iodio che aiutano a bilanciare la presenza di sodio.

L'elevato consumo di sale aumenta la ritenzione dei liquidi nel corpo, influenzando così i reni e facendo pressione sui vasi sanguigni e su tutti gli organi. L'eccessivo consumo può causare accumulo di tossine.

Acido (terra e fuoco)
I cibi che rientrano in queste categorie stimolano le ghiandole gastriche e la secrezione salivare. Sono la panna acida, lo yogurt e tutti i frutti acerbi. Mangiare troppo cibo acido renderà il nostro corpo più incline ad accusare dolori e crampi.

Piccante (fuoco e aria)
Gli alimenti che sono piccanti includono cipolla, cavoli di Bruxelles, zenzero, senape, peperoncino in polvere, cannella, chiodi di garofano ecc. I cibi piccanti hanno una spiccata proprietà curativa, hanno l'effetto opposto dei cibi salati.
Stimolano il metabolismo, riscaldano e purificano. Riducono il

contenuto liquido dei tessuti, migliorano la respirazione e accrescono il potere di concentrazione.

Le spezie piccanti stimolano la mente e promuovono la circolazione nel cervello. L'eccessivo consumo di alimenti dal gusto piccante può aggravare l'insonnia, l'agitazione e l'ansia.

Amaro (aria ed etere)
I cibi amari sono associati agli ortaggi e in particolar modo alle verdure a foglia verde. Il cibo dal sapore amaro aiuta la digestione e migliora il tasso metabolico.

Astringente (aria e terra)
I cibi astringenti che rientrano in questa categoria sono: sedano, cetriolo, melanzana, lattuga, funghi. Frutta come mele, frutti di bosco, uva e pere sono anche astringenti. Il gusto astringente presente nella frutta favorisce la pulizia dei fluidi corporei: sangue, linfa e sudore. È un sedativo delle mucose e tende a seccare.

Vata è calmato dai cibi con qualità dolce, acido e salato ed è aggravato dai sapori piccante, amaro e astringente. Pitta è calmato dai cibi con qualità dolce, amaro e aspro ed è aggravato dai sapori piccanti, acidi e salati. Kapha è calmato dai cibi con qualità piccante, amaro e astringente ed è aggravato dai sapori dolci, salati e acidi.

I sapori sono in relazione anche con le emozioni. La parola Rasa infatti significa sia sapore che emozione. Cambia il piano dell'espressione in cui gli elementi e le forze bio-umorali si manifestano.

Come il corpo, anche la mente ha bisogno di sapori che possano nutrirla o intossicarla. Ricordi la radice della parola sapere, discernere? Vediamo ora brevemente le relazioni tra sapori ed emozioni:

Dolce: indispensabile per una sana nutrizione. Ha effetto calmante sia sul carattere sia sull'appetito. Abbiamo bisogno di dolcezza e di amore. L'uso eccessivo può però generare effetti negativi, come l'attaccamento, il compiacimento e l'ingordigia.

Acido: Stimola le ghiandole gastriche e in giuste dosi aiuta la digestione, favorisce la produzione salivare e nella vita ha un effetto risvegliante e ci dà voglia di fare.
L'eccesso conduce all'invidia, al risentimento e alla gelosia, al linguaggio acido, allo svalutare le cose che si hanno. Il classico bicchiere mezzo vuoto.

Salato: salario deriva dalla parola sale. In passato era una moneta di scambio. È quindi molto importante per il corpo e alla mente dà senso di ricchezza. Dà gusto per la vita, eccedere porta all'egoismo, alla cupidigia, all'avidità e al desiderio esasperato e a tutti i costi.

Piccante: l'estroversione, la tendenza all'eccitamento, alla stimolazione, al desiderio di emozioni intense. Sovraeccitazione e sovra stimolazione generano odio, inimicizia, irritabilità, impazienza e rabbia.

Amaro: "Bitter is better" dice un antico detto ayurvedico. Amaro è meglio per le sue proprietà depurative. L'eccesso genera depressione, tristezza.

Astringente: In giusta quantità rende spiritosi, l'eccesso rende cinici e porta all'introversione, alla tendenza a ritirarsi dall'eccitamento e dagli stimoli.

L'eccessiva introversione genera insicurezza, ansia e timore. Quando ci sentiamo un groppo in gola e contratti possiamo dire che siamo in eccesso di astringente.

Acido, salato e piccante sono sapori caldi; dolce, amaro e astringente sono sapori freddi. Acido, salato e piccante suscitano emozioni calde e generano il desiderio. Le emozioni fredde hanno l'effetto di contrarre e quindi inibiscono il desiderio.

Tutti i sapori devono fare parte della nostra alimentazione in combinazione appropriata; che tenga conto cioè della costituzione, dell'ora del giorno e della stagione.

Tutti i cibi rientrano in questi sei sapori e possono essere alchimizzati con la sinergia delle spezie e del gusto modificando la loro struttura, come ad esempio il burro chiarificato che non interferisce sui valori del colesterolo del sangue.

Vi rimando ai corsi e alle dispense sulla nutrizione "La cucina degli dei" e ai viaggi nell'arte del gestirsi la vita che teniamo in Puglia e in India ogni anno.

SEGRETO n. 2: tutti mangiano ma pochi sentono i sapori. È necessario mettere consapevolezza in quello che mangiamo e come lo mangiamo.

Altro importante aspetto è come digeriamo i cibi. Se il nostro fuoco digestivo non funziona bene non digeriremo bene, con la conseguenza di assorbire male gli alimenti. In tali condizioni, anche i cibi più sani non ci faranno bene.

Se il fuoco digestivo funziona bene potremo trasformare il veleno in nettare e viceversa, se funziona male il nettare diventa veleno.
Più del cibo in sé è importante come lo si metabolizza; questo vale anche nella vita. Non è tanto l'esperienza in sé ma come ci si pone.
Per concludere l'argomento del cibo, elenco brevemente altri importanti punti per una sana e felice alimentazione.

La maniera migliore per giocare con i sapori è usare le spezie e le erbe aromatiche. Danno sapori sempre nuovi e piacevoli e sono di primaria importanza perché regolano e stimolano il metabolismo a partire dalla digestione. Ci sono erbe e spezie rinfrescanti e riscaldanti, non si pensi quindi che sono tutte eccitanti.

Mi viene in mente il mio amico Navanish Prasad, medico ayurvedico stimato e grande esperto di farmacopea ayurvedica che nei suoi consulti prescriveva l'uso di erbe e spezie senza distinzione.

Le prime volte mi stupiva, ma poi a pensarci bene mi accorsi di quanto intelligente fosse la sua posizione. L'uso delle spezie e delle erbe mette in moto dei meccanismi fisiologici stupendi per ottimizzare le nostre risorse e le nostre potenzialità. Sono di fatto intelligenza della natura che a contatto con noi risvegliano la nostra intelligenza interiore.

Le spezie ci permettono di sperimentare sapori sempre nuovi e al tempo stesso mangiare in semplicità. Da millenni l'alimentazione umana si basa su cereali, verdure, frutta e erbe aromatiche.

La terra è piena di piante spontanee e officinali valide per nutrirsi ma soprattutto per curarsi e mantenersi in salute. Nei miei corsi iniziamo con quattro semplici spezie: curcuma, zenzero, cumino e coriandolo che creano una farmacia in cucina.
Fa che il cibo sia la tua medicina e che la medicina sia il tuo cibo diceva Ippocrate e le spezie sono esattamente questo. Un perfetto incontro e la base della nutraceutica.

Queste quattro spezie sono e rappresentano un curry –miscela di spezie – universale in grado di rendere piacevole svariati piatti e al tempo stesso di prevenire e curare molteplici squilibri e dolori. Queste spezie sono potenti anche per un utilizzo estetico.

Con un cucchiaino di curcuma ad esempio, mischiato con due cucchiai di farina di ceci, un cucchiaio di yogurt naturale e un po' di olio d'oliva si può fare una crema che applicata sul viso è un peeling naturale portentoso.

Nella beauty indiana si chiama "ubatan" e significa pelle di seta. Sul mercato ci sono aziende che vendono questo composto a caro prezzo. Provate e vedrete cosa succederà al vostro viso, come si illuminerà. La curcuma è eccezionale per i problemi legati al fegato e il fegato è strettamente in connessione con la pelle.

La pelle è un secondo intestino. Per questo motivo una beauty sana deve usare prodotti commestibili. Andando indietro nei secoli e in tutte le tradizioni possiamo vedere come l'uso di alimenti a fini estetici fosse ampiamente usata.

Il fatto che la cosmetica e la nutrizione si siano così allontanate dall'uomo è uno degli errori più madornali dell'umanità e dell'uomo contemporaneo.

Nei prossimi libri mi dilungherò nei dettagli sia dell'alimentazione sia della bellezza e dell'igiene personale.

Il massaggio, l'igiene personale e l'alimentazione sono tre dei miei corsi preferiti che rivolgo alle persone comuni con l'intento di sviluppare un concetto di nutraceutica e di cosmeceutica "fai da te", economica ed eco-responsabile.
Il mondo delle spezie e delle erbe spontanee è meravigliosamente vario. Le quattro spezie che ho citato a mio vedere sono come le

note per la musica. Come sette note possono dare origine a un infinito e variegato numero di sinfonie, concerti, canzoni e suoni così è per queste quattro spezie.

«La cucina degli Dei» è il nome che ho dato ai corsi di nutrizione perché la cucina deve essere saporita, educare e soddisfare il palato e deve essere sana, sinergica e affine alla nostra natura.

Una delle soddisfazioni più grandi nella mia vita di padre è vedere come Radha, mia figlia undicenne, assapora i cibi. Porta attenzione a quello che succede nella bocca. Adora le mie zuppe a base di cereali, legumi, verdure ed erbe aromatiche che spesso e volentieri butto a caso sotto l'influsso dell'ispirazione. Le erbe sono energie potenti; in India sono spesso associate a delle divinità e rappresentano l'intelligenza cosmica.

Il mondo delle erbe è qualcosa di fenomenale, la natura è fenomenale. Anzi di più, è la nostra vera madre; Madre terra, che va non solo rispettata, ma soprattutto amata.
Sovente è assente il senso dell'amore e della gratitudine con il quale dovremmo raccogliere ogni frutto e ogni pianta e non

sappiamo ringraziare la vita di ogni animale che con la sua carne ci dà forza.

Lo so, mi sono ripetuto in concetti espressi in capitoli precedenti ma so anche che "la ripetizione è la madre delle maestre" e che non ripeteremo mai abbastanza il concetto di amare e rispettare madre terra. Non importa essere vegetariani o onnivori. Occorre mangiare con consapevolezza e attenzione.

SEGRETO n. 3: mangiare con attenzione e amore. Usare spezie e piante aromatiche e nutrirsi dell'intelligenza della vita.

A rischio di sembrare scontato, adoro condividere con voi la lode "Fratello sole e sorella luna" di San Francesco. Ho cullato tra le mie braccia i miei figli cantando loro queste parole:

"Dolce sentire come nel mio cuore ora umilmente sta nascendo amore. Dolce è capire che non son più solo ma che son parte di una immensa vita che generosa risplende intorno a me: dono di Lui, del suo immenso amor.

Ci ha dato i cieli e le chiare stelle, fratello sole e sorella luna, la madre terra con frutti, prati e fiori, il fuoco il vento, l'aria e l'acqua pura, fonte di vita per le sue creature: dono di Lui del suo immenso amore, dono di Lui del suo immenso amore".

Il gioco dei cinque elementi va avanti in un variegato e incredibile manifestarsi dei colori, dei suoni, dei profumi, dei minerali, dei pianeti ecc. Tutto ha effetto su di noi perché in ogni cosa c'è l'espressione del tutto; a gradi di consapevolezza diversi ma in ogni cosa.

Questo libro vuole dare enfasi al giusto rapporto con i maestri e con la conoscenza e quindi, seppur a malincuore, non entrerò nei dettagli preventivi, armonizzanti e curativi di ognuna di queste espressioni della vita e dei cinque elementi.

Vi riporto giusto una piccola sintesi al fine di darvi un'idea, e a tempo debito approfondiremo l'argomento.
Uno degli aspetti più stimolanti e interessanti di tutto ciò è nel prendere atto che tutto quello che ci circonda al tempo stesso vive la bellezza della meditazione; ebbene, il senso della solitudine, di

un Io staccato dal mondo, si spegne e si ridimensiona.

Vivere a contatto con i cinque elementi nelle loro svariate manifestazioni, a partire dalla terra e dalla natura ci riempie di prana, di buona energia e riallinea la dimensione delle nostre problematiche, dello stress della vita quotidiana.

Mi viene in mente un medico ayurvedico che prescriveva a persone con problemi di cuore trenta minuti di camminata nella natura e la ripetizione del mantra "Aum" oppure "Om" davanti a una candela alimentata con "ghee", per cinque minuti, due volte al giorno. Il tutto con rimedi naturali a base di sapienti "sinergie" di erbe.

Ricordo sempre questo medico indiano che stupito guardava persone chiuse in macchina che andavano a correre in palestra.

"Tutti vogliono tornare alla natura", ma nessuno ci vuole andare a piedi" (Andrew J. Wollensky).

SEGRETO n. 4: se vuoi essere sano e felice, ascoltati e ascolta

la terra che ti circonda. Guarda il verde e il cielo ogni giorno.

Mettendo armonia nel tuo dialogo interiore e nel rapporto con te stesso migliorano anche le relazioni con le persone che ti stanno intorno.

Per me e credo per tutti i figli, il proprio partner, le persone che frequentiamo nell'ambito personale e lavorativo sono importanti. Di fatto viviamo per loro. Lo diciamo spesso quando il rapporto è in crisi.

Le crisi relazionali sono piene di "ho fatto tutto questo per te", oppure "questo è il modo in cui mi ringrazi" e cento, mille frasi infelici che ci lasciano frustrati e con la sensazione di aver subito ingiustizie e di non essere capiti.

Le persone che ci circondano sono anch'esse parte e manifestazione dei cinque elementi. Abbiamo bisogno di interagire con loro. La comprensione delle attitudini e delle caratteristiche psico-emotive delle persone è determinante per avere sane e felici relazioni.

L'ayurveda è una scienza logica e molto scientifica che sta diventando sempre più oggetto di attenzione e di riferimento da parte di molti scienziati e medici contemporanei e tradizionali.

Ha dell'incredibile ma le antiche conoscenze usano dei principi all'avanguardia, e sempre più ricercatori e medici di fama mondiale si ispirano alle antiche scuole di medicina.

Io stesso collaboro con diversi professori e dottori che insegnano in università e operano in ospedali tradizionali e noto con piacere come gli approcci alla malattia, abbandonando il riduzionismo materialista, si stiano spostando sempre più verso una visione multifattoriale e integrata dell'individuo in cui i diversi livelli dell'essere vengono tenuti in considerazione nella loro interconnessione.

Pensiamo semplicemente alla forza dell'amore. È una forza intangibile ma senza di essa il nostro sistema immunitario scende vertiginosamente e possiamo morire a causa della sua mancanza.

L'Ayurveda vede il corpo come un insieme di informazioni, di relazioni funzionali. Sono le funzioni che strutturano gli organi, la loro forma. Il tutto è orchestrato da un sistema nervoso (vata) e dai vari plessi endocrini (pitta).

In sintesi, i cinque elementi sono intelligenza cosmica, espressa in vari modi e livelli, che sta a monte e a valle del mondo manifesto e ne comprende le relazioni con il mondo di dentro e il mondo circostante, strutturando addirittura la forma dell'organismo. In effetti più la mente è evoluta e più il corpo viene plasmato al fine di soddisfare le esigenze e gli impulsi mentali.

La prima relazione è quindi il rapporto con noi stessi per capire come gli elementi e le forze interagiscono dentro di noi. L'ayurveda ruota intorno al concetto di salute. In caso di squilibrio lavora per ritornare allo stadio di salute originale.

Le leggi sono sempre le stesse e possono essere applicate a tutti gli organismi e quindi anche a una coppia o a un gruppo sociale.

In Occidente per varie ragioni storiche e filosofiche e socio-politiche (il liberismo, l'Illuminismo, la rivoluzione della borghesia alla fine del Settecento) abbiamo iniziato a dare molto rilievo all'uomo come individuo che si auto-determina e a vedere la società come un sistema di individui (tendenzialmente in competizione tra loro).

Solo nell'ultimo secolo le scienze umane hanno compreso che l'agire dell'uomo ha sempre un orizzonte sociale e relazionale e a dare importanza al principio d'interdipendenza e di cooperazione.

Viceversa, l'Oriente ha mantenuto un'ottica sociale, in cui il tutto è sovra-determinato rispetto al singolo. Ha sempre considerato prima di ogni cosa le relazioni e definito gli individui sulla base di queste.

In Occidente noi vediamo la società come un sistema di individui. L'Oriente invece vede come le relazioni e gli individui vengono definiti da queste relazioni.
Ad ogni modo sappiamo che l'interazione cambia gli individui; guardiamo ad esempio come un cane e il suo padrone oppure una coppia che vive a stretto contatto finiscano per assomigliarsi. Di fatto ci adattiamo alle situazioni.

Una società che vede nelle cose e nel possesso e vede nel consumo di oggetti il fine della vita s'identificherà (e si frammenterà) nelle cose che possiede, nelle sensazioni passeggere, nei propri bisogni egoistici.

Fonderà la sicurezza sull'avere e sulla crescita "infelice" perché priva di senso. Conseguentemente gli individui non saranno in grado di cogliere l'interazione e la connessione che c'è in tutto.

Una società governata da menti illuminate darà segno di grande civiltà e similmente una società degradata sarà manifestazione di un governo malsano e corrotto.

Anche se potremmo ribaltare la sequenza causa-effetto, i governanti, che corrompono, non sono essi stessi espressione di una società corrotta? Da che cosa, in che modo siamo corrotti? Chi e che cosa ci corrompe?

Se guardiamo alla società moderna possiamo vedere come ci sia una visione diffusa delle cose. Una visione della vita che io percepisco come una visione e una cultura "della crisi e della paura. Paura del cambiamento, dell'essere diversi, del diverso e dello straniero". Praticamente temiamo le persone.

Per paura del cambiamento continuiamo a votare incompetenti e sfruttatori, complici delle multinazionali e di governi corrotti. Crediamo di scegliere il meno peggio e così facendo moriamo dentro ogni giorno un pochino.

Ogni giorno diamo ai nostri figli convinzioni erronee e mancanza di fiducia. Nell'intelligenza della vita e della natura. I nostri figli ereditano le nostre paure e oggi come oggi li depriviamo della loro fanciullezza e adolescenza.

Voltaire disse: "Non sono d'accordo con quello che dici ma darei la vita perché tu lo possa dire". I pellerossa nel loro cerchio della parola avevano espresso il più alto senso di democrazia verbale che mi sia mai capitato di conoscere. Nel cerchio si parla a turno e gli altri ascoltano in silenzio.
Anche il più piccolo gesto di disapprovazione è considerato un atto di brutta educazione. Dopo che la persona ha finito di parlare si attende un attimo (si consigliano tre respiri) e poi si passa il

potere della parola al compagno vicino.

Parafrasando Covey: se c'è un conflitto sedersi a un tavolo e non alzarsi fino a che non si è trovata una soluzione soddisfacente per entrambi.

Govindan viveva in una comunità dove le decisioni non si prendevano in maggioranza ma all'unisono. O tutti o nessuno. Sembra pazzesco e impossibile ma invece non è assolutamente così.

Si può e si deve fare. I rapporti vincenti e duraturi si basano su confronti reali e sul rispetto, in assenza di questo ci sarà semplicemente una progressiva degenerazione.

Se chi vi sta vicino non è in grado di lavorare su questo consideratelo un campanello d'allarme. Spesso chi vi interrompe o non vuole ascoltare, chi non si mette in discussione, ha dinamiche narcisistiche che prima o poi vi indeboliranno nella vostra autostima e vi creeranno una marea di problemi.

"Prima capire e poi farsi capire" è un altro splendido concetto di Covey, ma quando è il vostro turno di farvi capire se notate che non c'è volontà di ascolto non giustificate troppo. State attenti e... piuttosto che niente... meglio niente e rimettetevi in gioco.

Ho conosciuto ventenni che non lasciano il partner per paura di stare soli o che si vergognano all'idea di quello che potrebbe pensare la gente. Pazzesco non trovi? Eppure è un'attitudine molto frequente che trascina rapporti e vite infelici e ci scaraventa in una visione terribile della vita.

Per comprendere bene le dinamiche delle relazioni e delle informazioni continue che avvengono dentro di noi consiglio vivamente la lettura di *Guarirsi da dentro* di Deepak Chopra. In questo libro vengono descritti i principi di base (i bio-umori) in relazione alle scoperte recenti della medicina quantica o Pnei (psiconeuroendocrinoimmunologia).

Possiamo vedere come i tre aspetti responsabili del nostro benessere: l'aspetto neurologico, endocrino e immunitario si rispecchino nel concetto di vata, pitta e kapha.

L'uomo sta andando da una cultura della produzione e del profitto verso una cultura del benessere e del saggio uso delle cose. Ne ha bisogno sempre più. Anche nei talk show, nelle riviste di moda e nei rotocalchi ci sono articoli che parlano del respiro, dello Yoga, dell'alimentazione, delle spezie ecc. Sta diventando sempre più informazione collettiva, di massa.

Quattro italiani su dieci si rivolgono alle terapie olistiche e tutte convergono nell'importanza di un respiro consapevole. Nel respiro consapevole impariamo a respirare con un'attitudine circolare. Usciamo dal senso della direzione, del fare e prendere consapevolezza di quello che si è.

Semplicemente e meravigliosamente, con il respiro consapevole usciamo dal problema ed entriamo nella soluzione. Attingiamo a forze che ci permettono di riprendere con rinnovato vigore impegni gravosi.
Lo stesso concetto vale per la visione della vita che è un eterno ritorno, un continuo ripetersi delle leggi. Per questo l'Ayurveda ci illumina letteralmente con un senso di risveglio e di intuizioni rivoluzionarie e "moderne".

Il termine rivoluzione etimologicamente significa "ritorno alle origini", capisci? La vita è un percorso circolare e spiralico come la catena del Dna.

Mi piace guardare alle antiche conoscenze come minimi e comuni multipli o massimi comuni divisori che stanno alla base della vita in tutte le sue manifestazioni sottili e grossolane.

Mettere acqua se c'è troppo fuoco, se c'è energia stantia cambiare aria. Se ci sono dinamiche ingarbugliate creare spazio. Vedi? Gli elementi sono presenti anche qui.

Le relazioni, quindi, sono importanti a partire da quella del corpo-mente. Il nostro io se non interagisce con la mente e con il corpo si ammala perché la malattia è il linguaggio dell'anima. Proprio come fa un bambino poco amato o abbandonato a sé stesso o una persona ferita dal proprio partner, così il nostro corpo-mente reagirà creando dei problemi al fine di essere ascoltato e amato.

In questo libro mi sono ripromesso di condividere esperienze che sono state importanti per la mia crescita. Esperienze che possono esserlo anche per la tua. Qualche pagina fa avevo citato un pensiero prezioso di Covey: "prima capire e poi farsi capire".

Oggi poche persone sanno capire. Capire per me significa sapere ascoltare, senza giudizio e senza interpretazione di sorta, immedesimandosi nell'altro, ascoltando e osservando empaticamente.

C'è un antico detto sioux: "Grande spirito, aiutami a non giudicare un altro, se prima non ho camminato nei suoi mocassini per due settimane." Un'altra versione del detto dice addirittura tre lune, che significano 84 giorni.

Per me ascoltare un altro è immedesimarmi e quando lo ascolto cerco di capire anche il suo passato, le difficoltà e i problemi che sta vivendo nel presente, ripeto quello che dice per assicurarmi di aver davvero compreso quello che intendeva dirmi.

In campo terapeutico Patch Adams (il medico clown splendidamente interpretato da Robin Wiliams) invita il medico o l'operatore benessere addirittura a visitare la casa del paziente, per capire le relazioni e il contesto in cui vive.

Io l'ho fatto, andando nelle capanne dei bambini poliomielitici dei villaggi e nelle ricche case di agenti di borsa della Milano bene. Quanti spunti preziosi per interagire al meglio con loro anche se di fatto facevo "solo" dei massaggi e correggevo il loro "la loro matrice e inserivo nuove e sane abitudini".

Capivo e vedevo il mio cliente da una prospettiva diversa. Quanto fosse stimato o sottostimato indipendentemente dallo status sociale. Se avesse un padre, un partner amico o padrone. Se amasse o meno la vita e le attività che svolgeva. Quanto fosse o meno partecipe e protagonista della sua vita.

Qualche consiglio su come comportarsi con le diverse costituzioni psico-fisiche
Le persone di costituzione vata o le persone in un momento vata della vita hanno bisogno di calore e di protezione. Vanno quindi incoraggiate e messe a loro agio.

Le persone di costituzione pitta di fronte a un atteggiamento di questo tipo ne uscirebbero infastidite perché pitta ha bisogno di raziocinio e di logica. Necessita di argomentazioni chiare e di vedere che la persona che ha di fronte è stabile, chiara e concreta.

Similmente, le persone di costituzione kapha cadrebbero ancora di più in un'attitudine di autocompiacimento e di continuo procrastinare.

Le persone di costituzione kapha hanno bisogno di essere stimolate, a volte anche provocate, se vogliamo farle uscire dalla loro attitudine a un *modus vivendi* letargico.

Pitta, se preso di petto invece, si adirerebbe e partirebbe subito all'attacco. Pitta va preso di fianco, con le buone. Il fuoco puoi controllarlo, veicolarlo. Meglio dire le cose con gentilezza a pitta. Più delicato è quello che devi dirgli e più delicato dev'essere il modo con cui lo comunichi a pitta.

Con kapha invece puoi e devi dirlo con autorevolezza al fine di spronarlo e con vata con incoraggiamento, se lo incoraggi parte in quarta e farà del suo meglio.

Le predisposizioni dell'Ayurveda ci aiutano moltissimo nel capire come porci nei confronti del prossimo. Una mia amica che per professione si occupava di selezione del personale mi fece capire come vata sia predisposto al parlare alle persone e al viaggiare.

Pitta invece è predisposto a ruoli di responsabilità e di comando. Kapha infine ben si presta ad attività sedentarie come lavoro d'ufficio ecc.

Allo stesso tempo vata ha bisogno di stasi e quindi meditazione, esercizio fisico gentile e armonioso per equilibrare la sua attitudine al movimento senza controllo.

Anche pitta ha bisogno di meditazione per equilibrare il suo fuoco, per usare il suo calore al fine di scaldare e motivare anziché bruciare e distruggere. Pitta può fare esercizi più impegnativi e sport più estremi per mettersi alla prova con sé stesso e quindi ridurre l'attitudine alla competizione intrinseca in lui.

La meditazione fa bene a tutti e anche kapha può trarne quindi beneficio. Nelle meditazioni di kapha consiglio di visualizzare molto gli obiettivi inerenti il movimento e l'attività fisica. Kapha deve camminare tanto soprattutto dopo i pasti.

Le camminate meditative sono ottime per tutti. Personalmente amo camminare e fermarmi durante il cammino per meditare su una panchina.

Nella mia esperienza di coppia e di padre posso anche dire che meditare insieme e massaggiarsi insieme è qualcosa d'incredibile. La capacità di comunicare senza parole.

Il massaggio aiuta ad amare le persone per quello che sono e non per quello che vorremmo che fossero. "Ciò che tu sei mi grida così forte nelle orecchie che non posso udire ciò che dici".
È nel silenzio e nell'abbandono che spesso riusciamo a dire e a sentire davvero, ad accettare cose che facciamo fatica solo a sentire o pensare. Il massaggio ha questa facoltà.

Tramite la pelle, che è l'organo di senso più ampio, e rappresenta il confine che ci contiene, protegge e identifica, ma anche il tramite tra il nostro io e il mondo esterno, ci sentiamo amati, rassicurati e le difese cadono.

Ho visto molte coppie rappacificarsi con il massaggio tra di loro. Personalmente credo che si debba fare almeno una volta alla settimana e se ci sono dei bambini coinvolgere anche loro.

Quando ci prepariamo a ricevere un massaggio dal nostro partner con olio caldo e profumato, nell'intimità della casa e a cellulari spenti non è solo la pelle che scopriamo, ci mettiamo a nudo su più piani.

Sul lettino da massaggio o a terra in salotto sopra una coperta e in attesa di essere toccati oppure di toccare il respiro spontaneamente si distende, si allunga. Nei periodi estivi oltre al piacere dell'olio c'è anche quello degli spazi aperti. Giardino o spiaggia che sia.

Pensaci un attimo, pensa alla differenza che provi quando abbracci tua moglie appena torni dall'ufficio. Pensa al bacio che dai ai tuoi figli; magari con la testa piena di scadenze e impegni irrisolti.

Se ti trovi davanti a una situazione "coccola dura" è impossibile. Spegni il cellulare, ti fai un respirone, pensi "uaup che bella storia" e via! Ti trovi dall'altra parte del mondo a chilometro zero.

L'abbraccio a pelle nuda, le carezze dolci, l'olio e l'amore che si fondono sono una bomba di endorfine. Puoi percepire l'odore e il calore e avverti una dolcezza che supera quella delle pasticcerie più rinomate. Brividi vari e... ti prendi cura dei tuoi amori. Fai investimenti relazionali che ti verranno comodi meglio dei bitcoin che adesso vanno per la maggiore.

La vita di oggi ci ha tolto il piacere delle mani e del toccare, spesso addirittura ci crea timore. Ho visto madri insicure nel toccare i loro figli. Questa insicurezza i bambini la percepiscono, è una situazione di cui ci dobbiamo occupare, perché può compromettere l'armonia del loro sviluppo.

Siamo diventati troppo mentali e troppo mentali sono le gratificazioni; social network, internet, tv. Tutti infossati lì.

Spegnere ogni apparato è a mio vedere una libertà autentica, una ricchezza da privilegiati. Avere tempo per te e per chi ami, ma cosa vale di più?

E cosa c'è di più emozionante che toccare la pelle di chi ami? Ungere i capelli, il viso, le curve del corpo di chi ami? Generare un amore che si combina all'eros in un tutto che è ascolto, sinergia. Respirare insieme, sereni, con lentezza, con ritmo, senza fretta e ansie. Ma è qualcosa di super, amici miei!

Vedere la tua compagna che ti sorride come la prima volta che siete usciti insieme, percepire la complicità di quando avete fatto l'amore la prima volta.
Oppure tua figlia che ti dice "Sai papy, è bello confidarsi con te. Mi sento capita, amata e accettata per quello che sono". Magari in quel momento stai scappando dalla banca e hai mille impegni e un gran caos ma… non importa, sei semplicemente "the best!".

Se il massaggio lo fai regolarmente, migliora addirittura la complicità e il senso dell'essere uno in due. Ancora relazione capisci? Relazione vincente.

La vita è un dare, un avere e soprattutto essere un ponte tra queste due dinamiche. L'io si diverte quando gioca con il grande spirito in questo magico "lila" (in sanscrito, designa appunto il gioco del mondo e in Occidente è stato ripreso prima dal filosofo Eraclito "Dio è un fanciullo che gioca con il mondo", da Nietzsche e da Fink, che ne ha scritto una godibile opera: *Il gioco come simbolo del mondo*) tra ciò che è me e ciò che non è me.

Essere è prendersi cura di me e di chi mi sta intorno. Quindi: automassaggio, cura della persona, meditazione, la mente fissa sui miei obiettivi e amare concretamente chi mi circonda. Amare non è un verbo, è azione.
Non è feeling e/o infatuazione ma atti concreti che compi faticando con passione e dedizione. Contento come una Pasqua anche se "ti sbatti come un tappeto". Ovviamente porta attenzione ai vampiri energetici che approfittano di questa attitudine se non porti consapevolezza del giusto dare e del giusto ricevere.

Servire sì, ma mai e poi mai servi, ok? Ma ritorniamo al punto… I miei figli mi ricorderanno per questo, le loro madri e le persone che ho amato anche. E così i miei amici, i miei allievi e i miei pazienti.

Sì, perché io con le mani massaggio il mondo e con il tempo e la pratica capisci che il tocco è tutto: massaggi animali, piante, fiori, addirittura il vento e la roccia nuda. Con il tempo senti nelle tue mani l'esplosiva energia che c'è in ogni cosa.

Quanto tocchi metti in gioco i sensi, i bisogni del tuo cuore e del cuore altrui e la nostra umanità. Con il massaggio emergono emozioni nobili come la compassione, la tolleranza, la capacità di accettare e di ascoltare, e dopo il massaggio i cuori si aprono ci parliamo, ci ascoltiamo e diventiamo amici.
Amici veri, quelli che non criticano, non puntano il dito, non interpretano e sanno ridere con te delle sfortune e delle asprezze della vita.

Ti stanno portando via la casa? Hai perso il lavoro? Chi se ne importa se tu ci sei e mi ami! Riesci a capire quanto questo ti renda invincibile? Una nuova matrice di interazione con te stesso e chi ami secondo me ti aiuta a comperarne due di case e altresì a incrementare la tua ricchezza su tutti i piani. Se sei centrato e felice il tuo potenziale si espande in maniera esponenziale e spaventosa.

Ci sono ricchezze d'infinito valore come la meraviglia sensoriale di uno sfioramento di dita, di una carezza sul viso, di una mano sulla spalla e di un contatto consapevole nelle zone più stimolanti. Il tutto con delicatezza e attenzione, in un viaggio che inizia a due all'insegna dell'empatia e termina che non ci sono più un io e un tu distinti.

Niente può sostituire tutto questo nella nostra vita. Praticare il massaggio all'interno del nucleo familiare è far cadere le paure e le chiusure più profonde. Questo è un privilegio che abbiamo in quanto esseri viventi e in quanto esseri umani.

Moltissime persone hanno resistenze al contatto e spesso i vostri mariti o le vostre mogli se le mantengono per tutta la vita fino a fale diventare cose "normali" ma che normali non sono come non sono normale la rassegnazione, l'accontentarsi, il vivere una vita insapore che ha bisogno di sapori artificiali come relazioni parallele nascoste, la pornografia, le evasioni, le cene in ristoranti di lusso, le macchine da sballo, le droghe, gli eccitanti. Il tutto per placare la frustrazione e il senso della distanza e dell'abbandono.

Ho visto coppie scoppiare con l'arrivo di un bambino; padri che si sentono estraniati dal rapporto con il figlio, di madri che hanno paura di toccare il proprio figlio e il morbo dell'estraneità tra padre e madre.

C'è bisogno di altro, di unione, di tocco e il massaggio è necessario e fantastico. Che lo si creda o no. Bisogna provare per capire. Capirai senza parole e ti accorgerai che la vita non si comprende con le parole, che i pensieri sono solo una parte, un modo per percepire la realtà e le relazioni, e improvvisamente piangerai vere lacrime e riderai di vero riso.

Nel mondo non c'è un animale che non desideri il contatto. L'unico che lo rifiuta, quando è in alienazione degenerata, è l'uomo.

Con il massaggio sono stato vicino a persone con le problematiche più disparate e sono felice e pieno di senso per avere aiutato chi aveva problemi di anoressia, di bulimia, cardiopatici, depressi e gente con mille difficoltà.

Felice è dir poco, potrei morire ora senza timore, perché la vita l'ho vissuta e con il massaggio ho accarezzato il mondo. È la mia arte, concedetemi questa confidenza.

Quando siamo noi stessi tendiamo ad essere un po' animali e siamo spontanei. Non c'è nulla di male. Reprimere gli impulsi danneggia il flusso di vata. Se guardiamo i bambini non si fanno problemi: si leccano, si annusano, si mordicchiano, si spulciano, giocano a far la lotta, il solletico, si rincorrono. Piangono, ridono, ruttano, fanno aria e vata fluisce libero e sereno. Non si reprimono e sono felicemente noncuranti, il senso della vergogna è peculiare della nostra cultura e se ci pensiamo bene è un bel modo per imporre una morale spesso e volentieri a noi estranea.

Tanti modi per dire che ti voglio bene e che sei importante. Per condividere la gioia dell'amore in spontaneità.

Con il tempo si cade nella monotonia e perdiamo la spontaneità del ballo, del canto, del gioco e ci chiudiamo al punto che vediamo e percepiamo con fastidio la naturalezza intrinseca in queste cose.

Alcune filosofie e scuole di pensiero addirittura considerano buona educazione non esprimere sentimenti ed emozioni e il contatto viene visto come qualcosa di sporco. Ricordo una donna che diceva al suo nipotino di quattro o cinque anni, che era felicemente nudo, "copri quelle vergogne".

Poi cresciamo e diventiamo bloccati, insicuri e incapaci di amare. Adesso so cosa c'è dietro a tutto questo: è che siamo stati toccati poco e male e magari ci è capitato un compagno con problematiche analoghe o addirittura peggiori.

Inoltre la cultura dominante, così apparentemente libera ma in realtà volgare e mercificante, ci toglie la capacità di amare empaticamente, e spesso vediamo due corpi che si possiedono in solitudine e forse pensando ad altri. Due corpi che esprimono rifiuto, disprezzo e senso di vergogna verso dinamiche assolutamente naturali.

Il massaggio pian piano può riportarci a una istintualità sana e a conquistare fiducia in noi e nel nostro partner.

Nella vita di tutti i giorni ti darà la forza di dare una pacca sulla spalla in maniera più spontanea al tuo collega, di dare una stretta di mano guardando l'altra persona negli occhi. Di sorridere e di essere meno mentale.

Il massaggio nella coppia e in famiglia è un "must", io la considero l'ottava meraviglia del mondo. Nei miei viaggi in Kerala porto le persone a visitare i canali delle terre lagunari dove ancora le madri e le nonne massaggiano i bimbi fuori dall'uscio delle loro case.

Essere uomini con un piede nel passato e uno nel futuro è essere nella vita, danzare al suo ritmo. L'errore che molti ricercatori fanno è di chiudersi nelle tradizioni oppure disperdersi nelle nuove tendenze.

La tecnologia il web sono strumenti fantastici. L'errore che si fa spesso è quello di non vedere il ponte, la connessione tra nuovo e antico. Tuttavia è prendendo il meglio di entrambi i poli che saremo parte attiva e propositiva del cambiamento.

Il massaggio a mio vedere è un ponte potente; racchiude in sé in maniera concentrata un potenziale di riallineamento incredibile in grado di essere centrati in noi stessi e con il tutto, fatto di affetti, di amici, colleghi e di mondo in senso lato.

Credo che la coppia debba anche uscire allo scoperto e confrontarsi con altre coppie. Se non lo fa scoppia, siamo animali sociali e siamo anche animali da branco. Crediamo di essere in contatto con il mondo ma in realtà è un contatto filtrato da schermi, percepiamo la realtà attraverso schermi.

Vedo accadere cose bellissime nei miei corsi e nelle lezioni di gruppo che faccio: le persone si aprono, si confrontano; anche i loro compagni entrano nel gruppo e ci si ascolta. Spesso le parole che da anni dicevi a tua moglie, principi e concetti che lei non capiva e non vedeva, all'improvviso e semplicemente – magari perché arrivano da un'altra persona o da un altro contesto –, all'improvviso la illuminano. Ti è mai capitato?

Credo che si abbia bisogno di più percorsi e di meno vacanze. Percorsi che se da una parte ti rilassano, dall'altra ti colmano dei vuoti e ti danno dei pieni motivazionali per vivere contento e vivere contento il tuo esser coppia, padre, figlio, madre e soprattutto per vivere contento e soddisfatto il tuo essere semplicemente e meravigliosamente persona.

L'ho detto all'inizio del libro: è cambiando modo di vedere che la tua vita cambia. Il massaggio ti aiuterà a vedere e a tirare fuori il meglio di te e delle persone che ami. Lo so, sembra strano ma tu prova adesso, prendi il tuo partner e, dopo esserti strofinato le mani con l'olio, comincia a ungere la sua schiena.

Fallo con gentilezza, rispetto e attenzione: divertimento garantito, tanta buona energia e buoni presupposti per il futuro.

SEGRETO n. 5: se vuoi essere trattato da re, tratta tua moglie da regina e i tuoi figli da principi: fallo con le tue mani e farai tuffi nell'infinto a chilometro zero.

RIEPILOGO DEL CAPITOLO 6:

- SEGRETO n. 1: l'indipendenza non esiste. Siamo interconnessi e interdipendenti. Trattare bene ciò che ti circonda è il modo migliore per trattare bene te stesso.
- SEGRETO n. 2: tutti mangiano ma pochi sentono i sapori. È necessario mettere consapevolezza in quello che mangiamo e come lo mangiamo.
- SEGRETO n. 3: mangiare con attenzione e amore. Usare spezie e piante aromatiche e nutrirsi dell'intelligenza della vita.
- SEGRETO n. 4: se vuoi essere sano e felice ascoltati e ascolta la terra che ti circonda. Guarda il verde e il cielo ogni giorno.
- SEGRETO n. 5: se vuoi essere trattato da re, tratta tua moglie da regina e i tuoi figli da principi: fallo con le tue mani e farai tuffi nell'infinto a chilometro zero.

Capitolo 7:
Come diventare maestro di te stesso

Il concetto che ognuno di noi nasce, vive e cresce con delle matrici non si comprende mai abbastanza e, quindi, lo ripeto per sottolineare il dato di fatto che siamo educati alla rassegnazione e a una varietà notevole di valori molto poco a misura d'uomo.

I gesuiti dicevano: "Datemi un bambino nei primi sette anni di vita e io vi mostrerò l'uomo", e Rudolf Steiner, che ha fondato la scuola steineriana, dava grande importanza al processo educativo.

Il motivo è perché nei primi sette anni si crea la matrice strutturale con la quale vedremo il mondo durante la vita. Si può modificare e questo è il percorso che ho iniziato a fare quarant'anni e più fa nella mia ricerca e nel mio continuo esplorare.

In questi anni ho appreso che molte abitudini le portiamo avanti perché il nostro computer interno è stato programmato e così riteniamo normali tante cose illogiche e viceversa. Nietzsche, ad esempio, diceva che viviamo in un incubo e sogniamo la realtà.

C'è dentro di noi una serie di convinzioni, frasi e pensieri mal adattivi che riteniamo assolutamente normali. Perché? Semplicemente perché lo fanno tutti.

Diamo valore a cose che non ce l'hanno a partire dal denaro che di fatto è solo carta straccia senza più valore. Se la cosa che ti sto dicendo ti sembra assurda allora vai a rileggere l'accordo firmato da Nixon nel 1971 a Camp David che annunciava la fine della convertibilità del dollaro in oro, rendendo così di fatto priva di controvalore qualsiasi valuta.

Se continuiamo a dargli valore è per una convinzione collettiva ma non per questo non illusoria.

Il saggio dà lo stesso valore dell'oro alla pietra e quando scopriremo che il denaro non è commestibile realizzeremo l'importanza del rispetto per la natura. Queste due riflessioni appartengono a due culture antiche: la cultura vedica e quella dei pellerossa.

Qualche mese fa mia figlia che è in prima media fece una domanda in classe: "Maestro, ma si può imparare divertendosi?". Immediatamente in aula calò il gelo! I compagni di classe risposero convinti che non era possibile. Il maestro disse che c'erano dei protocolli da seguire ma che in linea di massima era possibile divertirsi imparando.

La cosa che mi ha colpito è che i suoi compagni di classe, pur desiderando ardentemente divertirsi e non annoiarsi a morte rifiutavano l'idea di un modo diverso d'imparare. Guardarono mia figlia e la situazione con paura e disappunto.

A prescindere da questo argomento, prendo quest'esempio per sottolineare come nella vita di tutti i giorni chi più e chi meno sia influenzato negativamente da queste convinzioni erronee.

Potremmo evidenziare molteplici situazioni riguardanti il mondo del lavoro, dell'amore (convenzioni assurde che minano la qualità della relazione in maniera devastante), del rapporto con gli altri e con le altre culture (la paura del diverso e del nuovo) ecc.

Ci hanno privato della gioia; la gioia di imparare ma anche quella di amare, di curarsi, di viaggiare, di vivere. Viviamo in un mondo dove imperversa la cultura della crisi e della paura. Che ci porta a vedere il problema e non la soluzione. Mi correggo: a non vedere i *veri* problemi (le vere domande che ci dovremmo porre: si può imparare e vivere divertendosi?).

Qui però voglio portare l'enfasi sul rapporto che abbiamo con il nostro "corpo-mente" (lo scrivo tutto unito apposta perché in realtà è un tutt'uno).

Anni fa ho avuto un maestro di massaggio con i piedi: sì, proprio così, massaggio fatto con i piedi. Questo massaggio si fa appoggiandosi e sostenendosi a una fune mentre con i piedi scivoli sul corpo unto del paziente che è sdraiato a terra. È un massaggio vigoroso, praticato su lottatori di arti marziali, danzatori, artisti circensi, danzatori ecc.

Si chiama Chavitty Uzhichil ed essendo impronunciabile è semplificato come massaggio kalari perché si rifà al kalaripayat che è la più antica arte marziale al mondo. Questo massaggio è usato per aumentare la flessibilità, la forza, l'agilità e per guarire dai traumi che si riportano nei combattimenti.

Se qualcuno pensa che lo Yoga o l'Ayurveda sia una cosa per femminucce si guardi dei video sul kalari e si farà un'idea diversa. Se lo si prova, lo si capirà subito e non si dimenticherà più.

Questo maestro si chiamava Krishna Gurukul ed è purtroppo scomparso. Era amato in tutto il Kerala e a ottantasette anni massaggiava ancora con un'agilità superba. Ti posso girare del materiale se la cosa ti interessa; ed è anche molto interessante da proporre nelle Spa a mio vedere, in una versione ingentilita. L'ho proposto per i clienti sciatori di una Spa in Trentino e ho avuto dei riscontri stupendi.

Quando andavo in India mi facevo sempre due settimane di massaggi e Krishna era riuscito a mettermi a posto un problema alla spalla che tutti consideravano ormai cronico. In dieci giorni di lavoro il problema sparì per sempre.

Anche lo Yoga dà queste soddisfazioni. In sintesi si può (entro certi parametri ma molto più di quanto crediamo) invertire l'invecchiamento e far sparire letteralmente dalla nostra vita: dolori, mal di schiena, mal di testa, insonnia, ansie ecc.

Nella mia vita ho studiato e mi sono avvicinato a diverse culture sul benessere corpo-mente. Ad Auroville mi sono sbizzarrito e ho appreso di tutto. Lo ricordo come uno dei periodi più belli e stimolanti della mia vita. Un'esperienza contemporanea invece la sto vivendo con il "Core Integration" ideato da Josef Dellagrotte, allievo diretto di Feldenkrais.

Sono un uomo fortunato perché conosco un po' le leggi del volo magico e so che se chiedi ti verrà dato. Quindi chiedo e l'infinito, da buon infinito qual è, ne ha sempre da darmi.

Così sono arrivati Marina e il suo maestro Josef Dellagrotte, splendido italo-americano di ottantasette anni, che anche quest'anno ha percorso il Cammino di Santiago de Compostela bruciando in media 10/15 chilometri al giorno, camminando.

Ha una mente lucida e brillante e spero presto di averlo come vicino di casa in una cohousing che si sta realizzando a Ischia Di Castro nella Maremma laziale. Un paese di origini etrusche immerso in un territorio ricco di terme, laghi, fiumi, boschi e situato a pochi chilometri dal mare.

I miei lettori sono tutti invitati nel centro di studi trasversale e universale per la crescita personale e sociale che stiamo sviluppando. Ne faremo di belle. Josef con il suo metodo "Core Integration" ha messo insieme la sintesi di diversi stili di lavoro corpo-mente: Yoga, Tai chi, Aikido e Feldenkrais.

Le sue teorie sono sorrette dalle scoperte più recenti della biomeccanica del movimento e la sua genialità sta nel fatto che ha sintetizzato i vari kata e sequenze delle Yoga e delle arti marziali in sei "sentieri" che accomunano tutti.

Il risultato è una via molto semplice basata sull'ascolto e sul sentire (ma anche su solide conoscenze scientifiche) che migliora notevolmente la nostra padronanza fisica e conseguentemente emotiva, psicologica.

Il suo percorso è molto affine al mio con la peculiarità che mentre con il suo impariamo a camminare e a muoverci sviluppando consapevolezza e attenzione, con le sequenze di massaggio che pratichiamo e insegniamo nella scuola questo risveglio istintuale avviene anche con l'intervento dell'operatore che toccandoti risveglia il tuo sapere antico. Sono sicuro che la sinergia che si creerà con Josef darà il via a un modo di interagire attivo /passivo molto stimolante.

Quando ti rendi conto che puoi risvegliare il tuo corpo-mente ti rendi conto che "non è vero" che dobbiamo rassegnarci, che dobbiamo accettare, che non possiamo fare niente, che oramai è troppo tardi ecc. Assolutamente. Possiamo ricrearci sull'immagine che vogliamo avere noi.

È importante tenere in considerazione il nostro corpo, soprattutto in questo momento storico, che dimentico della pancia e del cuore appare preso esageratamente da un approccio mentale. Dobbiamo riportare equilibrio e come nel libro *Il gabbiano Jonathan Livingston* voleremo più alti e potremo andare più in profondità nei livelli marini e pescare pesci più grossi facendo meno fatica.

Non limitatevi quindi a delle passeggiate o alla palestra dove il corpo viene visto come una macchina che deve muoversi e lavorare. Il vero lavoro sul corpo non può non tenere in considerazione l'ascolto della fisiologia e della consapevolezza fisiologica, il riallineamento del respiro e delle secrezioni ormonali e del rilascio dello stress.

Siamo in eccesso di vata e quindi vata lo calmiamo con movimenti gentili. L'eccesso è di tutti: bisogna fare in modo di smaltirlo, non ci si deve fermare al primo insegnante di Yoga o di Tai Chi. Se non vi soddisfa, continuate la ricerca e anche se vi soddisfa continuate a cercare, sempre.

Fate seminari specifici per argomenti. Magari con il vostro partner perché è importante che la crescita sia dell'insieme a cui siete connessi. Se crescete e migliorate da soli è probabile che si sviluppino attriti e distanze tra voi e chi amate.

Se si cresce senza consapevolezza di essere una parte di diversi insiemi (coppia, famiglia, società, ambiente ecc.) si genera in noi il tarlo dell'egocentrismo come purtroppo possiamo vedere nella massa di guru e coach che sta imperversando ogni giorno di più. Fino ad arrivare al plagio vero e proprio in cui senza accorgertene ti isoli sempre più dai tuoi cari e ti ritrovi a dare tutto quello che hai e sei in nome di falsi ideali.

Fisici perfetti, contorsionisti all'avanguardia ma con una flessibilità e una capacità di confronto inesistente. Meglio stare alla larga da chi pensa di sapere tutto. Si deve fare molta attenzione.

Se abbassano il tuo potere personale e la tua autostima, se si pavoneggiano con l'atteggiamento di farti sentire inferiore, saluta e continua la ricerca. I veri maestri ti aiutano ad avere amore nei tuoi confronti e alzano la tua stima e la tua energia.

Se hai voglia di fare palestra continua pure ma ricordati che la forza senza flessibilità, senza armonia e coordinazione (l'intelligenza motoria) è una porta verso i dolori in età avanzata. Stirare e riallineare i muscoli e i canali energetici (senza ovviamente forzare) ti dà una potenza indispensabile a un sano lavoro corporeo, rinforza la muscolatura interna (che è anche legata all'equilibrio e alla stabilizzazione) e stimola le secrezioni ormonali in maniera eccelsa, cosa che il fitness ignora del tutto.

Prova a integrare e non te ne pentirai. Ben lo sanno i grandi campioni del tennis e di vari sport a livello mondiale che oramai seguono nella loro routine anche questi approcci più profondi.

LeBron James, Ryan Giggs, Maria Sharapova, Danilo Gallinari e in passato Marilyn Monroe e molti altri ancora. Pensate anche ai Beatles e a Sting con gli articoli esplosivi dello Yoga come potenziatore del sesso, perché, per quanto si rischi di impoverirne le finalità, sono segno indiscutibile del potenziale nascosto dietro le antiche conoscenze.

In India ho incontrato personaggi famosi in vari resort ayurvedici. Ricordo ancora lo stupore di un articolo di Romina Power e del suo guru su una rivista quarant'anni fa. Lo stupore dei miei che nel vedere questo per un attimo pensarono che non fossi del tutto matto.

Importante comprendere come lavorare sul corpo tenendo in considerazione le nostre forme bio-umorali. Le persone di corporatura kapha è bene che facciano cose più dinamiche come il Tai Chi. Lo Yoga gentile è più indicato per vata.

Lo Yoga intenso più per pitta. Potete anche apprendere metodi diversi e a seconda di come vi sentite, spingere di più o di meno, enfatizzare la parte relax e meditativa o viceversa fare più moto ed esercizio fisico. Fate comunque in modo di lavorare su entrambi i piani.

SEGRETO n. 1: il viaggio dentro il tuo corpo non è solamente fare palestra ma ascolto profondo, respiro attento, prendere consapevolezza reale del tuo potere di autoguarigione e non essere solo uno spettatore passivo del processo di trasformazione nel gioco della vita.

Ricordo come fosse ieri quando mi trovai nelle mani per la prima volta un libro di Daniel Goleman sull'intelligenza emotiva. Mi si accese una lampadina e capii come fosse bello e importante un approccio analitico oltre che meditativo. Fu qualcosa di indescrivibile.

Quando sei immerso nella ricerca e stai apprendendo cose nuove, poco importa cosa stai facendo: leggere autori stimolanti, dialogare e interagire con persone evolute, viaggiare in luoghi sconosciuti, amare una persona che ti apre nuovi orizzonti e ti fa dimenticare di te stesso per ritrovarti catapultato nelle braccia della vita, seguire dei seminari e delle scuole.

Poco importa, quando arriva lo riconosci perché ti cambia e non sei più lo stesso. Questa spinta al cambiamento va seguita. Robert M. Pirsig, divenuto famoso con il bestseller *Lo Zen e l'arte della manutenzione della motocicletta*, nel suo secondo libro, *Lila: un'indagine sulla morale*, esprime il concetto di qualità statica e di qualità dinamica.

La qualità dinamica è il bisogno di leggere e imparare nuove cose, quella statica invece è legata alle tradizioni e a quello che ci è noto. Sono entrambe necessarie ma oggi è la qualità dinamica che va appresa e coltivata. Siamo schiavi delle tradizioni e di un modo di vedere le cose legato al passato.

Non guardiamo il cielo e non guardiamo in avanti e siamo sempre con le spalle incassate e la mente rivolta al passato (spesso infelice). Tramandiamo questo ai nostri figli, ai nostri nipoti. No, l'amore non basta, ci vuole qualità e la qualità parte da te, dalla tua vita, che impari a vivere anche sbagliando, all'occorrenza.

Scriverò un libro sui miei errori. Ne ho fatti tanti e ne sto facendo tantissimi. Sarà un luogo comune, ma è vero: sbagliando si impara. Jim Rohn diceva che dobbiamo ascoltare chi ha sbagliato perché ha molto da insegnare, e a mio vedere vale anche il detto che chi fa sbaglia, ma chi non fa, sbaglia il doppio.

Ritornando ai libri sull'intelligenza emotiva, capii che meditare, per quanto bello e importante, quando non è accompagnato da un lavoro analitico che armonizza il tuo mondo emotivo e l'immagine che hai di te stesso, ti fa stare meglio momentaneamente, ma non risolve il problema.

Capii che "l'Oriente, finché rimane uguale a sé stesso, finisce per farti sentire limitato, come mi ha fatto sentire limitato l'Occidente". Non si tratta di sostituire una visione con un'altra, perché in ogni caso rimani intrappolato in quella visione e rimani intrappolato dentro un meccanismo.

Perdi la libertà e ti manca l'obiettività che ti permette di sviluppare le tue capacità critiche e creative, che mantengono viva la tua curiosità e la capacità di apprendere e adattarti alle nuove circostanze che la vita ti presenta.

Continui a vedere le cose con l'occhiale di un "ismo" e si insinua il tarlo della presunzione che è lo stesso che predomina in un razzista, il tarlo che sta alla base del conflitto. Poco importa se è un micro o macro conflitto o se sei un benpensante di buona cultura.

Puoi essere un medico ayurvedico o tradizionale, un comunista, un capitalista, un cattolico o un musulmano, Hare Krishna o testimone di Geova. Sei sempre nella presunzione, nella supponenza di chi non sa e non vuole sapere o capire di non sapere. Il grande poeta Evtušenko disse: "poco importa per me essere me stesso, tutti fatemi essere e per ogni essere" un grande inno alla vita!

Il fatto di stare meglio quando incontriamo qualcosa di buono ci porta ad accontentarci. Personalmente ho perso un sacco di tempo perché stavo meglio e spesso consideriamo lo stare meglio con lo stare bene.

Non siamo forse cresciuti con il detto popolare: "Non lasciare la via vecchia per la via nuova"? Non viviamo in un mondo in cui chi lavora dà la sua vita, il suo tempo, la sua energia per quattro o quaranta denari? Dicendo grazie e abbassando il capo?

Se non c'è ricerca, se non ricerchiamo e compiamo nuove imprese, se non sviluppiamo nuove abilità e competenze, se non lavoriamo sulle nostre debolezze e non produciamo valore sul mercato e dentro di noi, ci blocchiamo in una trappola, anche se abbiamo tre lauree.

Noi stessi ci siamo chiusi dentro, per cui abbiamo le chiavi per liberarci. Se la crescita non avviene su tutti i piani dell'essere è una trappola. Ricordate il Faust di Goethe? Il patto con il diavolo fatto per attaccamento al sapere?

Non c'è vero sapere se non è accompagnato dall'esperienza e sapere di non sapere mi rende felice. Mi sprona a crescere e a godere del qui e dell'ora. Il bello del viaggio è quel pezzo di terra che stai calpestando in questo esatto momento. Sarà per questo che amo il mio camper che è un tetto su quattro ruote?

La mia ricerca e la mia voglia di integrazione culturale sono state alimentate dall'arrivo di Deepak Chopra che con i suoi libri ha saputo vedere quello che c'è dietro la vita, ispirandosi sia all'Occidente sia all'Oriente.

Non sempre vengono capiti questi maestri perché sono degli spiriti liberi, geni creativi e fanno cose fuori dal comune. A diciotto anni, quando lasciai la mia famiglia d'origine per andare incontro alla vita, incontrai sulla mia strada un uomo fantastico: Maurizio.

Lo conobbi in autostop. Mi diede un passaggio dal casello di Firenze fino alla piazza del David. Allora ci si poteva arrivare in macchina e parcheggiare lì.

Passammo tutto il pomeriggio a parlare della vita. Diventammo amici e lo siamo tutt'ora e mi introdusse all'amor di conoscenza. Nei mesi che seguirono mi fece conoscere Richard Bach, Oscar Wilde, Steinbeck, Thomas Mann, Pasolini, Erich Fromm e molti altri autori.

Soprattutto mi fece conoscere la bellezza della lettura, del piacere nobile ed edificante che c'è nel leggere e per la prima volta nella mia vita lessi con occhi nuovi, con il desiderio di scoprire che cosa avrei trovato nella pagina successiva, di conoscere per il puro desiderio di imparare.

Passavo le notti a leggere e non c'era il tarlo del voto o dell'interrogazione. Prima di questa esperienza odiavo letteralmente la scuola. I miei maestri sono stati pessimi insegnanti e di scarso valore umano. La scuola mi procurava lo stesso effetto del guardare il film *La corazzata Potëmkin* in russo:

noia mortifera e rifiuto totale.

Quando parlo con mia figlia della scuola io difendo il valore e la bellezza della conoscenza, quando sono con lei parlo di concetti nobili, di ideali, leggo poesie e favole e le dico che sono vettori di conoscenza; le suggerisco che qualunque materia, se non ti piace, non è la materia in sé ma il metodo di insegnamento.

La invito ad andare oltre le cose che sa fare, a valorizzare i suoi talenti ma al tempo stesso ad affrontare ogni materia con attenzione e buona energia, con spirito meditativo.

Mi affianco a lei, favorisco le sue predisposizioni e le faccio capire che se le coltiva avrà da sfamare lei e una comunità intera, che l'abbondanza sarà la conseguenza delle sue passioni, che il lavoro senza passione è sopravvivenza, che ogni cosa, se ci metti passione e buona energia, diventa magia e meditazione.

Come nella storia di Vivekananda, quando chiedeva a tre uomini che spaccavano pietre cosa stessero facendo: il primo disse: "Spacco pietre"; il secondo: "Guadagno 500 rupie per ogni montagnetta di pietre che spezzetto"; e il terzo: "Sto costruendo un tempio". Si possono fare le stesse cose ma con prospettive e finalità completamente diverse.

È la prospettiva che ti rende forte come persona e che ti rende grande, ma le persone grandi sono tali perché fanno cose che non sempre è bello fare. Ebbene, la prospettiva suprema la chiamo: "Dharma", mio amato compagno del percorso che stai leggendo.

È importante avere chiaro il vostro Dharma, il perché siete qui. Nel Dharma di mia figlia c'è l'arte, nel mio la scrittura, il massaggio, il viaggio a 360 gradi che parte da dentro e raggiunge ogni angolo dell'universo.

Ad ogni modo metto passione e attitudine artistica in ogni cosa che faccio. Incluso separare con cura il pattume e fare la differenziata in maniera consapevole.

Quando a diciassette anni mi avvicinai all'Oriente mi bruciai gli amici del movimento studentesco, dei centri sociali, venni considerato traditore e fui letteralmente ripudiato. Traditore lo fui per la mia famiglia di sangue perché scelsi di andarmene e di staccarmi da loro e dalle "responsabilità" familiari.

Traditore venni considerato in seguito anche dalla mia famiglia yogica perché volevo conoscere e conobbi altri modi di fare Yoga e meditazione. Il fatto che frequentassi persone vegetariane che mangiavano aglio e cipolla fu già un reato sufficiente ad essere messo alla gogna.

Traditore divenni quando mi avvicinai al multi-level marketing che a molti appare tutt'ora come una parolaccia e qualcosa di squalificante, mentre è solamente un modo come un altro di guadagnare, e come ogni cosa può diventare onorevole o disonorevole a seconda di come lo fai.

Traditore forse lo sono anche per i multi-level people che non capiscono che per me il multi-level è solo una parte del mio lavoro, il cui centro rimangono il mio Dharma e la mia missione personale.

È inevitabile, perché quando esci dal branco la tendenza del

branco è di temerti. Quando entrai in Herbalife (volevo indipendenza e l'azienda fa dei buoni prodotti) ero stanco dello Yoga. Avevo visto così tanta pochezza in maestri di Yoga e monaci barbuti, che non volevo più sentirne parlare. Non riuscivo nemmeno a insegnarlo.
Ero molto deluso dalla loro mancanza di etica primaria che è rispettare l'individuo e non volerlo usare.

La mia debolezza è che non posso fare cose che non amo e se le faccio mi spengo. Molti operatori olistici mi videro come uno che si era bevuto il cervello.

In Herbalife ebbi la buona sorte di conoscere Jim Rohn, niente meno che il maestro di Anthony Robbins. Il suo discorso sulle quattro stagioni mi illuminò e te lo consiglio vivamente. Ricordo anche Mark Hughes e, per quanto se ne dica, ritengo una fortuna aver lavorato al fianco di "ricchi" che, ovviamente, il mio "branco" considerava, in quanto ricchi, dei "peccatori".

Mi ritrovai addirittura a Barcellona in smoking all'Extravaganza. Credo fosse il 1992. Herbalife mi ha dato tanto e tra questo l'arte di parlare in pubblico, ma mi accorsi che non era la mia strada e così nel 1994 partii per l'India con un biglietto di solo andata con mio figlio Sanjay di solo nove mesi e la madre.

Ancora nuove trappole e nuove opportunità. Nuove splendide e meravigliose conoscenze fino al mio definitivo ritorno in Italia nel 2006.

Da allora il mio focus lavorativo è sul massaggio e sulla formazione, ma non ho mai smesso di seguire il filo d'oro di nuove conoscenze e competenze.

Nel 2014 ho sentito che il benessere non era nemico del denaro e della ricchezza. Ho capito che il problema non è la ricchezza ma l'attaccamento e l'avarizia. Grazie a Deepak Chopra ho iniziato a pensare anche in termini di ricchezza. Altra grande prova di tradimento per i cultori del naturalismo che rifiutano questo mondo e questa società.

Mi è costato molto avvicinarmi alla psicologia dell'abbondanza. Quando vuoi successo, abbondanza ed essere felice la maggior parte delle persone che ti sta intorno cerca di farti sentire in errore e in colpa, salvo poi passare l'esistenza ad angosciarti per mancanza di pecunia e tramandare questa contraddizione di base alla loro progenie.

"Se fai un passo verso l'universo lui ne fa venti verso di te", diceva Anandamurti, e se ti focalizzi su degli obiettivi, arrivano le circostanze e le persone, è automatico.
Nel 2015 una mia amica un bel giorno mi regala un ticket per andare a un corso di tre giorni sul come generare abbondanza organizzato dalla scuola di Harv Heker, autore del bestseller "the millionair mind", e grazie a questo la mia mente si apre a nuovi stimoli.

L'anno scorso per il mio compleanno è arrivato come regalo un corso su scrittura veloce 3x tenuto da Giacomo Bruno.

Eccomi qui che ti scrivo mentre un bus mi porta da Milano a Bari. Sono qui a scrivere un libro, a condividere con te tappe letterarie e formative che mi stanno facendo continuamente crescere.

Non importa se le persone che cerchi come guide per rafforzare i tuoi lati deboli ti parlino con libri e con parole. Importa che la voglia ardente di mettersi in discussione, di mettersi in gioco, di essere disposto a soffrire, ma mai e poi mai a vivere una vita nel rimpianto di non aver saputo, o voluto, osare.

Mai e poi mai vivere nella sofferenza per la paura del dolore e della solitudine. Perché non hai saputo dire quando è il caso di dirlo: "Piuttosto che niente... Tutto o niente".

Sono diventato "traditore" da quando ho deciso di andarmene da casa per guardare oltre la siepe, da quando maturò forte in me la chiara cognizione e convinzione del sacrosanto diritto/dovere di vivere il mio Dharma e di andargli incontro.

È un classico che ogni qualvolta decidi di seguirti sarai accusato di egocentrismo ma è quasi sempre frutto di una matrice costruita sulla paura del nuovo, di quel nemico che è l'amico che spesso non conosci. Ognuno ha le sue matrici e tu puoi impostare la tua e vedrai come tutto intorno a te cambierà. Con il tempo anche chi ti ha criticato capirà e ti vedrà sotto una luce nuova.

Mentre scrivo queste parole penso ai miei figli, ai miei fratelli, ai miei nipoti e penso anche a te e ai tuoi familiari. Se tu cambi, se tu canti fuori dal coro, allora scuoterai il mondo da un intorpidimento che mi ricorda tanto *Aspettando Godot* di Beckett (altro splendido libro).

"Do the best and God make the rest" ("Fai del tuo meglio e lascia il resto a Dio") dice un antico proverbio indiano.

Quindi, in sintesi, leggi e studia da libri e persone che ti scuotono, che ti fanno magari venire un gran mal di testa, che ti metteranno in crisi ma che ti faranno vivere qualcosa che non è noia, facendoti uscire dal cerchio e prendere la tua rotta verso il tuo fulcro.

SEGRETO n. 2: viaggia nelle cose su cui sei debole. Leggi autori che ti possano far crescere a cominciare dalle tue debolezze, che sappiano suggerirti strategie. Focalizzati ma non fermarti a un coach e/o guru: è la cosa peggiore che possiamo fare, a lui, ma soprattutto a noi.

Camminare e respirare all'aria aperta guardando il cielo e la vita intorno a te è meditazione in movimento, mentre cammini ti puoi distaccare dalla tua vita, lasciare libera la mente e trovare geniali soluzioni e intuizioni.

La strada è il maestro per eccellenza ed è sempre pronto ad accoglierti come e meglio di qualsiasi madre.
Anche se viviamo nel Terzo millennio e la tecnologia sta cambiando velocemente le nostre abitudini e i nostri stili di vita, restiamo comunque dipendenti da bisogni e ritmi fondamentali e primordiali.

Il bisogno di dormire, di mangiare, il bisogno di affetto e di riprodurci ci saranno sempre. Fare esercizio fisico e camminare rientra nei bisogni primari. Camminare a momenti prestabiliti ci dà i benefici migliori per quanto riguarda la cronoterapia e la cromoterapia.

La cronoterapia consiste in sintesi nell'utilizzare gli "orologi biologici" a nostro vantaggio. Camminare o fare delle attività benefiche per noi in determinati momenti della giornata vuol dire allineare gli orologi biologici individuali agli orologi biologici della vita.

I momenti migliori per queste attività sono l'alba e il tramonto. Se ci rifletti un attimo vedi che in questi momenti della giornata tutti gli animali partecipano al miracolo e al primo spettacolo del giorno, abbinando i vantaggi della "cromoterapia" che ti offre la natura. Quest'abitudine ti permette di prevenire problemi e complicanze difficili da gestire.

Nel mio caso, il mio cuore fa un po' i capricci e tra le varie pratiche finalizzate a mantenerlo tranquillo è compresa quella di fare delle belle passeggiate. Anche se nella vita mi occupo di benessere, ho le mie fragilità.

La vita con me ha scherzato duro e ho vissuto più vite di due gatti messi insieme. Me la sono vista brutta in diverse situazioni e sono portato a credere che, se sono ancora qui, è perché lassù mi amano molto ma non mi vogliono ancora.

Nietzsche, controverso filosofo tedesco influenzato dal pensiero orientale e buddhista (come d'altronde moltissimi filosofi tedeschi) diceva che ciò che non uccide rafforza.

Nella mia vita mi sono trovato spesso di fronte a episodi molto violenti: scontri di piazza nei colpi di Stato in Bolivia, la disperazione rabbiosa della popolazione argentina durante la gravissima inflazione del 1988, quando con uno stipendio non riuscivi a prendere nemmeno un litro di latte e un chilo di pane al giorno.

Mi sono trovato in situazioni pericolose sia nelle dittature latino-americane sia nei quartieri più miserabili di Calcutta, dove le aggressioni e gli omicidi erano all'ordine del giorno.

C'è sempre molta violenza in giro e questo si riflette anche nelle relazioni. La mancanza di comunicazione e l'intolleranza crescente stanno influenzando pesantemente le dinamiche relazionali.

Aumentano le reazioni aggressive e violente nelle coppie (non solo quelle più riconosciute e manifeste, tradizionalmente attribuite all'universo maschile) a segnalare un disagio profondo di uomini e donne in relazione al riconoscersi ed essere riconosciuti, all'amare ed essere amati; aumenta il bullismo nelle scuole a segnalare quanto sia difficile e complicato "crescere" nel generale clima di violenza, nell'insicurezza e nella frustrazione derivate da un generale mancanza di valori e di prospettiva.

Come molti ho accusato e accuso pesantemente di questa violenza, di questa paura e di questa diffidenza che trova modi sempre più subdoli di manifestarsi sul piano psicologico individuale e collettivo.

Posso dire che i pericoli in cui mi sono trovato nel mezzo di inflazioni e colpi di Stato, nei vicoli dei quartieri malfamati di Napoli, di Palermo e di Calcutta sono ben poca cosa in confronto all'arguzia malefica e manipolatrice di individui abilissimi nel prelevarti energia, facendoti sentire in colpa, inadatto e in debito, inadeguato e fuori posto.

A causa anche di questo, il mio cuore ha fatto tilt e camminando lo ascolto, lo coccolo e lo calmo. Uno dei motivi che mi hanno spinto a scrivere questo libro è l'aver compreso che anche il mondo olistico non è esente dalla violenza.

C'è l'erronea convinzione che chi si interessa o meglio ancora insegna tecniche di rilassamento e di benessere sia esente da mali e contraddizioni comuni e non c'è niente di più erroneo. Il forte incremento della domanda e del bisogno di apprendere la gestione dello stress e di curarsi in maniera naturale ha generato un'offerta spesso e volentieri improvvisata, di bassa qualità e finalizzata più a far profitti e acquisire potere anziché servire, migliorare e soprattutto migliorarsi.

Come riconoscere i falsi "olistici", i falsi "pacifisti"? Se cercano di manipolarti sfruttando i principi etici e di amore universale (pacifismo, universalismo, condivisione, promessa di uscire dall'ego ecc.) in chiave strumentale e per il loro tornaconto.

Inducendoti con presunti tuoi obblighi e sensi di colpa a fare cose che la tua pancia non vuole fare. Se ti fanno sentire inetto, a disagio, se ti criticano, se ti deridono, se abbassano la tua autostima, se ti criticano in maniera coercitiva, se ti giudicano.

Ho conosciuto persone che in nome dell'amore si sono trovate con le armi in mano, a fare le cose più immorali (visto che Dio è anche ombra e il fine giustifica i mezzi), persone che si sono trovate a rubare in casa propria per dare alla chiesa di turno.

Solo con un'attenta lettura di libri a tema inerenti il tarlo della malattia del secolo, ovvero il narcisismo, ho potuto verificare quanto questo si insinui velenoso laddove c'è ostentazione di illuminazione.

Nel libro di Les Carter *Difendersi dai narcisisti* e nel suo questionario sul come riconoscerli ho individuato come moltissimi coach e guru del momento siano di fatto solo dei geniali manipolatori camuffati da splendide yoghine super contorsioniste o barbuti esseri pacifisti e vegani.

Credimi, sopravvivere a questo è cosa ben più complicata che trovarsi tra la vita e la morte nei tuguri di qualche quartiere malfamato. Così, anche se sono una pellaccia e ho più vite dei gatti, il mio corpo un po' ha scricchiolato e lo ha manifestato con la mia amica ipertensione.

Amica ipertensione perché mi stimola a camminare quotidianamente e così il problema si è fatto opportunità donandomi la bellezza di osservare la mia vita dall'esterno a contatto con gli elementi.

La mia vita è ripartita anche grazie a questo, a un episodio molto infelice dal quale ne sono uscito proprio grazie a una camminata e da quel momento la mia vita si è trasformata.

Ricordo perfettamente quel giorno in cui ci fu una litigata tremenda con una persona alla quale ero molto legato da tanti, troppi anni di esperienze condivise. In quella circostanza si arrivò alle mani (nel senso che venni aggredito a suon di sberle) e così decisi di uscire. Feci una lunga passeggiata e guardando il cielo cercai di capire il perché di quella violenza che si protraeva da tanto e troppo tempo.

Mentre camminavo, così all'improvviso e non so bene se da fuori o da dentro, mi arrivò la risposta: "l'amore non basta, anche se ne sei affezionato devi allontanarti da persone e cose che ti fanno male". Capii che quella persona a cui volevo molto bene non aveva minimamente intenzione di cambiare. Che rientrava in quella categoria di persone che non possono cambiare.

Così grazie a quella camminata feci la scelta di cambiare e la mia vita ricominciò. Trovai amici e situazioni migliori; la mia vita è migliorata sotto tutti i punti di vista e sono qui che sto realizzando uno dei miei sogni nel cassetto che è scrivere un libro.

Camminare mi ha salvato la vita e lo fa ogni giorno. Camminare è importante per tutti. All'inizio ti devi sforzare; cambiare matrice comporta sempre delle difficoltà. La mente non vuole cambiare, la mente spesso mente e t'inganna con mille scuse per rimanere nella zona di comfort, dipendente da mille "comodità" che ci hanno reso pigri e indolenti, noi e i nostri figli.

Il sistema sociale in cui viviamo ci ha male educati; spesso penso che vivere sia (o dovrebbe essere) un processo di rieducazione. La mente non vuole cambiare e cerca di evitare il cambiamento e in fondo ha ragione, segue un principio di economia. Deve avere una motivazione valida, una motivazione più forte di quella che ha dalla zona di comfort, che dà sicurezze spesso e volentieri erronee e fasulle.

Camminare in un ambiente naturale è una parte importante in questo rinnovamento, ha effetti rigeneranti molto profondi anche se facciamo camminate brevi.
Quando cammini guardi in un modo diverso, contemplativo, ti alleni ad osservare e ad ascoltare. Senza pensare respiri in modo diverso; la pancia, il cuore e tutto il tuo essere entrano in una dinamica di percezione e di azione sui piani fisici, emotivi e psichici.

Nella natura i sensi si risvegliano e sappiamo bene quanto sia importante un esercizio che coinvolga tutti gli organi sensoriali. Camminare fa ancora meglio se di tanto in tanto facciamo delle gite fuori porta. Quando siamo davvero immersi nella natura ci allontaniamo dalle stimolazioni artificiali, la consapevolezza si innalza e quando torni in città sei più pronto a notare i dettagli.

Una cosa che spesso faccio quando cammino, e se il tempo lo permette, è di sedermi su una panchina a meditare. Nel mezzo della passeggiata mi fermo. Mi siedo e guardo la bellezza della natura. Poi chiudo gli occhi e mi concentro sul mio respiro e parto con gli esercizi meditativi.

Ce n'è per tutti i tipi e per tutti i tempi, da un minuto a quello che vuoi tu. Finito di respirare e meditare mi rialzo e mi rimetto a camminare. L'abbinamento meditazione e camminata è tra i migliori. La meditazione si abbina a tutto ed è fondamentale farlo, ma in questo caso ci troviamo davvero di fronte a qualcosa di superlativo.

Noi siamo parte integrante del mondo. Come il nostro essere è fatto di trilioni di particelle subatomiche tra di loro connesse, noi siamo una particella subatomica del corpo di questo pianeta. Perciò la relazione con la terra e con gli elementi è importante. Fa parte di quegli aspetti del vivere che danno senso e forza.

"Non c'è cammino troppo lungo per chi cammina lentamente, senza sforzarsi, non c'è meta troppo alta per chi vi si prepara con la pazienza" (Jean de La Bruyère).

SEGRETO n. 3: relazionati con l'ambiente, l'universo e la

natura sono dei magazzini energetici infiniti e magnifici, a costo zero.

La pazienza di ascoltare, di accettare, di accogliere anche se non condividi, anche se vorresti fare altro è una delle lezioni più difficili da prendere e la coppia il contesto più idoneo. Arricchisce il tuo punto di vista se sai ascoltare e amplia la tua visione, la migliora, ti fa migliore.

Sedersi e non alzarsi finché non si trova una soluzione soddisfacente per entrambi è una delle prove di coraggio e di forza più grandi al mondo, c'è sicuramente più potere nel non premere il grilletto e similmente a gestire la rabbia anziché esserne preda.

Con la comunicazione non verbale (massaggi, camminate, lettere condivise e fatte insieme, un diario comune) si genera la possibilità di amare al di là delle righe e al di là delle rughe, e ti insegna a vedere il bello al di là dell'immagine e al di là della forma. L'amore è la legge al di là del cambiamento, se in nome dell'amore ovviamente evitiamo di fare cose abominevoli.

Fare le cose che l'altro ama fare nonostante per te non siano importanti (concerti e film che non ti piacciono granché, fare shopping e/o quant'altro) genera credito emotivo e quando si è a credito si è ascoltati. C'è fiducia.

Se vuoi essere trattato da re tratta la tua compagna da regina. L'amore non è un verbo, l'amore è azione e ti insegna a fare, creare le circostanze perché l'altro si possa fidare di te e farà del suo meglio. È solamente conquistando il cuore che tutto poi si fa e senza tante parole.

Portare quest'esempio fuori del nucleo seguendo e conducendo dei percorsi con altre famiglie e con altre coppie fa diventare veramente la famiglia il seme che permette alla società di prosperare. In caso contrario è una trappola in cui si uccide l'amore.

Sono convinto che anche nella relazione di coppia ci siano molti tabù da rompere. Non è questa la sede per toccare l'argomento nei dettagli, ma noto che questo sentimento meraviglioso sia in qualche modo manipolato e codificato in maniera alquanto univoca e impedendo alle persone di amarsi a modo proprio, di costruirsi una personale dinamica relazionale in cui il bene comune non penalizzi la crescita e il bene individuale; in cui il centro non diventi l'altro ma ti aiuti a vedere meglio il tuo perno e la tua centralità.

La coppia può essere di stimolo o di ostacolo esattamente come un'ideologia, un guru o un coach. Farti crescere o farti spendere solo dei gran soldi perdendo tempo ed energia e uscendone fuori con dei gran mal di testa o poco più.

Se ci facciamo caso quando ci innamoriamo di qualcuno all'inizio frequentiamo gli amici comuni e ci apriamo al mondo; gite fuori porta e attività all'esterno. Poi con il tempo e con l'arrivo dei figli arrivano anche le ciabatte e il divano si incolla al nostro sedere.

Non c'è niente di peggio che uccidere l'amore e noi stessi con lui. Se smetto di confrontarmi con il mondo, se smetto di interagire con gli altri, se non cresco con la persona che amo stai pur certo che stai andando a sbattere contro un tram.

Questo viaggio con il tuo partner non è solo andare a fare delle vacanze di tanto in tanto, quello non è viaggiare ma distrarsi dal vero focus che è risvegliarsi, rimanere dinamici, continuamente in fase d'innamoramento, esattamente come quando la qualità dinamica ti faceva battere il cuore all'impazzata, facendoti fare cose incredibili per stare con la persona che in quel momento ti faceva emozionare come un bambino che si trova davanti al mare o alla montagna per la prima volta.

Questo stato di eccitazione e di stimolo ti rimane se vivi, se impari, se esci dal torpore della vita quotidiana. Avere una mappa con degli obiettivi ti aiuta anche in questo, perché ci puoi mettere dentro le cose che vuoi fare con il tuo partner, da un viaggio a un corso, dalla lettura di un libro insieme a un fine settimana a Parigi, a un corso sulla comunicazione non verbale con apprendimento del massaggio in coppia tenuto da noi, dove potrai confrontarti con coppie che come te hanno bisogno di far uscire e condividere problematiche e soluzioni.

Gli esempi e le possibilità sono infinite: a te la scelta e se ti trovi in un momento difficile con chi ami proponi qualcosa magari con la tv spenta.

L'esperienza con un partner ti cambia la vita in meglio o in peggio, può essere una via al paradiso o rivelarsi uno dei tuoi peggiori incubi.

I miei genitori hanno fatto del loro meglio e come spesso succede ti creano parecchi problemi facendo del loro meglio perché i modelli che apprendiamo dal loro esempio diventeranno i nostri e li porteremo nelle nostre relazioni, convinti e in buona fede.

Covey sostiene che la maggior parte delle relazioni si basano su dinamiche "vinco-perdi" oppure "perdo-vinci". In sintesi, uno dei due genitori comanda e lo fa schiacciando l'altro. I figli si comporteranno di conseguenza e, a seconda del riferimento genitoriale che prenderanno, saranno vittime, carnefici o un bel mix di entrambe le dinamiche.

Se assorbiamo il riferimento "vinco-perdi" cercheremo nella vita dei partner che ricreeranno lo stesso modello. Perché? Perché la zona di comfort non è per forza piacevole e prosperosa. Tutt'altro.

Il fatto è che viviamo per i modelli che apprendiamo nei primi anni della nostra vita (solitamente i primi sette) e poi li ripetiamo portando avanti un "karma" generazionale.

Personalmente ci ho messo un bel po' per capirlo e quando l'ho capito finalmente riesco a interagire con una dinamica "vinco-vinci".

Arrivare a una compagna proattiva è stato arduo soprattutto perché ho dovuto rieducarmi e imparare a dire "no". La caratteristica principale di un sano rapporto sta nel sapere ascoltare, accettare, accogliere anche se non condividi e anche se vorresti fare altro.

È una delle lezioni più difficili da apprendere e la coppia il contesto più idoneo. John Gray dice "il vero amore non implica la perfezione, anzi fiorisce sulle imperfezioni. Il dialogo è il collante fondamentale di qualsiasi rapporto affettivo". Arricchisce il tuo punto di vista se sai ascoltare e amplia la tua visione rendendoti migliore.

Quando c'è un problema, un conflitto di vedute, sedersi e non alzarsi finché non si trova una soluzione soddisfacente per entrambi è importante ma non sempre ci dà i risultati previsti.

Se questa cosa non è possibile, se non c'è dall'altra parte la volontà di mettersi in discussione, stai attento e pondera bene perché è un segnale di rapporto limitato che in qualche modo ti limiterà. Subire o imporre porta tendenzialmente a complicazioni nella tua vita.

Non sempre è possibile parlarsi e a volte il dialogo è bene che sia non verbale. Non sono solo le parole e il parlarsi gli strumenti necessari al capirsi. Spesso si ottiene il risultato opposto. Se la mente mente, le parole sono lo strumento ideale per il fraintendimento, l'interpretazione e il giudizio.

Quello con la G maiuscola che dà il via alle parolacce e fa delle belle e soavi parole iniziali un ricordo vago che si perde nell'alba dei tempi quando il tuo partner era tanto tanto dolce e carino.

Con la comunicazione non verbale (massaggi, camminate, lettere condivise e fatte insieme, un diario comune ecc.) si dà la possibilità di comprendersi e "allargare" il proprio campo di vedute. Libri come *Gli uomini vengono da Marte, le donne da Venere* sono fantastici per crescere insieme. Ancor più un massaggio fatto creando l'atmosfera giusta.

Un altro errore che si fa in coppia è di negarsi tempo per sé stessi. Ci si ammazza per i figli e per i genitori e il partner diventa semplicemente relegato a mansioni di natura operativa come cucinare, pulire, andare a fare la spesa ecc. Con il risultato che quando ti ritrovi esausto al suo fianco nel letto non hai più voglia di fare niente e qualunque cosa si dica è una seccatura.

Prima che sia troppo tardi prenditi cura del giardino bello e ordinato che abbiamo avuto in dono quando si è risvegliato il senso dell'amore. Togliamo le erbacce, i però, i se e i ma e insieme all'altro godiamoci dei momenti esperienziali alle terme, in una Spa, andando a un concerto o a una mostra, passeggiando in città o facendo una gita fuoriporta con cenetta a due, ossigenando così la relazione.

Facendo questo, allora, anche le parole saranno vere, sincere e la mente non mentirà e non cercherà di fuggire in gratificazioni sensoriali fini a sé stesse che spesso e volentieri portano a dipendenze insane.

Credo fermamente che è con questi semplici e piacevoli accorgimenti che ci si può continuare ad amare al di là delle righe e al di là delle rughe.

Ricordo un film con Depardieu in cui lui interpreta la parte di un padre che dice al figlio infatuato "l'infatuazione e l'amore sono due cose diverse. Nell'amore lei si fa vecchia ed è sempre la più bella, il suo viso si fa pieno di rughe ed è sempre la più bella, i suoi seni si fanno cadenti e lei... è sempre la più bella".

Quel pensiero è per me la descrizione migliore che abbia mai incontrato sull'amarsi in coppia. Rappresenta la capacità e la maturità di godere dei sensi soprattutto perché connessi con il cuore e con il cervello.

Personalmente, se le coppie scoppiano così tanto in questo momento storico, se sono maggiori le coppie che si separano da quelle che stanno insieme, è perché siamo schiavizzati dai sensi e dalle cose.

La pubblicità ci rende dipendenti dandoci la parvenza distorta della libertà e lo fa fin da quando siamo bambini. La forza che mantiene unita una coppia e aiuta a rimanere insieme in tutti i cambiamenti e le prove a cui si è sottoposti è l'amore.

L'amore è tale se è azione e non solo sentimento. È tale quando si lavora in continuazione perché sia un amore di qualità. Non solo quando si è in crisi.

Fare le cose che l'altro ama fare o ricevere nonostante per te non siano importanti e anche se non hai voglia genera credito emotivo e quando si è a credito si è ascoltati. C'è fiducia.

Un caffè portato a letto, preparare la cena quando l'altro è stanco, preparare il lettino da massaggio per mettere un po' di olio caldo dopo cena, un fine settimana rubato alla tua agenda sono azioni. Insomma, creare situazioni che allentino le tensioni e portino il buonumore.

L'amore non è un verbo, l'amore è azione e ti insegna a fare, creare le circostanze perché l'altro si possa fidare di te e motivarlo a fare del suo meglio. Conquistando il cuore ogni giorno senza dare mai per scontato l'amore dell'altro riuscendosi a capire al volo, con e senza parole.

Un antico detto dice: "Se vuoi essere trattato da re tratta la tua compagna da regina". Ovviamente questo ha senso se dall'altra parte ci sono la volontà e la salute mentale per capire e volere una relazione "vinco-vinci".

Molte persone purtroppo hanno radicate in loro dinamiche ostili e competitive e non sono ancora a quel punto di maturità tale che permetta loro il cambiamento.

Per un po' puoi accettare dinamiche "perdo-vinci" per permettere all'altro di capire e mettersi in gioco. Se ti raggirano una volta è colpa loro, se succede due volte è colpa tua, un'altra massima carina è anche servire sì ma non essere servo.

La vita è generosa e se coltivi la tua persona e i tuoi obiettivi inevitabilmente incontrerai le persone giuste per te. In amore non ci si accontenta, se lo fai non è amore ma qualcos'altro.

Altro importante aspetto nell'arte della relazione è l'interazione con gli altri e il cercare di non cadere nella trappola del chiudersi. Frequenta gruppi che diano possibilità di confronto. Corsi di massaggio, percorsi di crescita personale. Se c'è un problema o di uno o di entrambi è opportuno lavorarci insieme. Leggendo libri, stando lontani dalla tv e dal divano.

Riprenditi la vita e strutturati la tua personalissima dinamica relazionale con una modalità aperta con amici, coppie e attività che accentueranno la vostra complicità di coppia senza diventarne dipendenti.

"Allenarsi a lasciare andare ciò che si ha paura di perdere" è un pensiero del maestro Jedi della saga di "Guerre Stellari". Credo che se si lavora su di sé ogni giorno il centro della propria esistenza si sposterà dall'interno all'esterno. Un giorno le persone che amo non ci saranno più in questa forma e in questo "giro di giostra".

Lavorando su di sé si lavora sulla paura della perdita e della morte. Ci si concentra sulla qualità del qui e dell'ora. Con o senza le persone e le cose che ami. Credo che la cosa peggiore che si possa dire a una persona che si ama è "senza di te non vivo" oppure "la mia vita è nelle tue mani".

La dipendenza uccide l'amore e ci porta a fare delle cose terribili incluso l'omicidio e l'uso della violenza. Non crediamo a "in amore e in guerra tutto è lecito". L'amore è qualità altrimenti non è amore. L'amore è libertà e aiuta a gestire meglio sé stessi.

Se non coltivo me stesso non posso coltivare il giardino dell'amore. Amore è essere prima ancora di dare e di ricevere. Un triangolo perfetto se questi tre aspetti sono sinergici.

SEGRETO n. 4: viaggiare con il tuo partner e dare una matrice alla coppia, mantenendo la rotta per crescere e confrontarsi con lui, e facendo sane sinergie con amici e coppie.

Mi piace vedere tutti gli aspetti della vita come tappe di un viaggio, come singole parti di un insieme concatenato. Per me il viaggio ha tante facce e naturalmente chi non viaggia perde molto in curiosità e conoscenza.

Il viaggio è tale quando si sperimenta con i propri occhi e direttamente. Certamente si possono apprendere molte cose da un punto di vista deduttivo ma questo non deve portarci ad avere delle convinzioni per sentito dire. Anche e soprattutto se le cose le vediamo alla televisione, sui giornali e sui mezzi d'informazione.

Ho conosciuto degli extra comunitari fantastici. Musulmani perseguitati da musulmani stessi ad esempio, sembra incredibile vero? Eppure la comunità più perseguitata dall'Isis e dall'ortodossia islamica è proprio quella musulmana, quella che più temiamo è quella che avrebbe maggior bisogno di solidarietà.

L'importanza dell'esperienza diretta è indispensabile per avere una visione della vita obiettiva e a misura di sé stessi. Questo mondo è specializzato nell'imporci visioni che crediamo nostre ma nostre non sono.

Jovanotti nella canzone viaggiare canta "Viaggiare attraverso il suono, buono, il basso che è un tuono. Viaggiare attraverso la musica, attraverso la cultura, la scoperta della natura e di sé, viaggiare nei perché, viaggiare in internet o sopra un jet o in bicicletta o a piedi e muoversi rimanendo fermi sul posto".

Sì, è proprio così. Se non viaggi ti ammali soprattutto di chiusura mentale e di idee preconcette con le quali costruisci una vita preconcetta, un amore preconcetto, un lavoro preconcetto, una medicina preconcetta, una visione di te preconcetta e un'esistenza che altri hanno scelto per te. Una chiusura mentale che più di un vampiro ti succhia la voglia e il senso di vivere.

Ho fatto il mio primo viaggio in India a diciannove anni. Poco dopo il militare. Prima dei venti avevo visto parecchi paesi europei e ho vissuto con persone di tante razze e di tanti luoghi. Che dono prezioso! Ho fatto viaggi con biglietti di sola andata e spesso partivo senza meta, in autostop verso qualunque posto la vita mi volesse condurre.

Quante cose ho capito e ho visto. Uno dei miei maestri più importanti è stata la mia Enfield 500. Una moto vecchio tipo, più o meno equivalente a una moto Guzzi, per intenderci. Con quella ho viaggiato in tutto il Kerala e il Tamil Nadu, due Stati dell'India del Sud, da Delhi a Vrindavan dove nacque Krishna.

Ho vistato villaggi dove un bianco era visto come un evento, un'apparizione. Nel 1994 sul giornale di Trivandrum ci fu una foto con me e mio figlio in passeggino per le strade della città. Ci intervistarono perché un passeggino era una novità, pensa un po'.

A Calcutta, nel 1980, dopo tre mesi di vita ad Ananda Nagar a stretto contatto con Shrii Anandamurti, il mio primo maestro, in un villaggio sperduto del Bengala, vidi una donna europea in minigonna vestita di rosso, più o meno come nel film *Matrix*. Fu uno shock!

Mi ero abituato a una pace sensoriale che mi permetteva di godere dei paesaggi senza pubblicità, della sensualità del corpo femminile vestito del sari che elogia la bellezza di una donna senza per questo ostentarne le forme volgarizzandola.

All'improvviso l'immagine forte di una donna prosperosa e

piuttosto sensuale. Capii che il desiderio dell'altro sesso come lo intendiamo noi è provocato e non è naturale.

Lo stesso mi successe al rientro da quel mio primo viaggio in India. Alla stazione Termini di Roma mi sembrava di essere in un film di Fellini. Immagini pubblicitarie e tutti vestiti con scarpe e abiti di pregio.

Donne impellicciate mi ricordavano la fattoria degli animali di George Orwell in cui si descrivono maiali impellicciati. Persone che vivono nell'ostentazione pensando con pochezza anziché l'inverso.

L'esperienza di monaco Yoga in Sud America e successivamente di insegnante Yoga e Ayurveda mi hanno permesso e mi permettono di capire chi ha la pancia piena e chi ce l'ha vuota.

Mi hanno insegnato che il problema non è l'avere ma la gestione dell'avere. Dico questo perché è importante e inoltre non voglio essere frainteso.

L'abbondanza è un diritto di nascita, il problema è l'ingordigia. Gandhi disse che questa terra è così generosa da soddisfare i desideri di tutti gli abitanti ma non è abbastanza per l'ingordigia di un solo uomo.
Collaboro con imprenditori geniali ed etici per generare profitti e progetti eco-responsabili e in grado di dare, a chi vuole mettersi in gioco, un benessere economico oltreché personale e relazionale.

Quando viaggio per l'India o per la Puglia con i miei allievi e accolgo le persone che vogliono fare dei percorsi formativi professionali, di benessere e crescita personale per la coppia o per sé stessi amo dare loro esperienze variegate dove il piacere di stare in un resort di buon livello si fonde alla bellezza di un viaggio in cui entriamo in contatto con la cultura di quella terra e la realtà dei villaggi.

C'è una grande differenza tra vacanza e viaggio. Il viaggio ti arricchisce e ti cambia radicalmente, durante e dopo l'esperienza in sé. Ti dà forza, vigore, mette chiarezza nei tuoi pensieri, ti arricchisce con nuovi amici.

Il viaggio ti dà la possibilità di pensare alla tua vita. Ti fa capire se corri senza direzione e ti focalizza sui tuoi obiettivi di padre, di compagno e di persona. Ti fa vedere il tuo sole dietro le nubi. Quel sole che è il tuo Dharma e i raggi che sono le tue doti, aspirazioni, desideri, sogni e obiettivi.

In viaggio conosci persone a cui ti apri, con cui crei interazioni e a cui racconti cose che fai fatica a condividere anche con il confessore. Sapere che forse quella persona non la vedrai più ti permette di metterti a nudo. Semplicemente perché ti viene spontaneo e lo senti naturale.

Riesci ad accettare dei punti di vista che mai accetteresti dalle persone che fanno parte della tua vita e che ti permettono di vederle da una prospettiva diversa una volta che torni a casa. Magicamente si risolvono dei problemi e dei conflitti che ti portavi avanti da decenni.

Ti è mai capitato di dire qualcosa a qualcuno senza mai essere ascoltato oppure senza mai ascoltare davvero? Poi arriva uno sconosciuto e all'improvviso la persona che non vedeva e non ti sentiva ascolta e vede.

Anche se la cosa ti infastidisce è normale perché abbiamo bisogno di qualità dinamica, di vedere posti nuovi, di parlare con persone nuove, di sorridere ad abitudini e usanze nuove e di riflesso poter osservare le nostre che non sono più le migliori e le uniche concepibili e accettabili.

Viaggiare ti dà una visione del tempo e del fare diversi. E non è male se teniamo in considerazione l'importanza di produrre meno e gestire meglio quello che abbiamo.

In questo momento storico possiamo capire che non hanno del tutto torto gli indigeni a vivere la vita tranquillamente. Come quell'indigeno che per fare 10 statuette aumentava il valore di ciascuna statuetta perché il suo lavoro diventava noioso.

Una volta, in una zona rurale dell'India, arrivarono ingegneri, architetti, geometri e migliaia di operai per costruire una nuova città. Dalle finestre del suo ufficio il direttore dei lavori vedeva un uomo sotto un baniano in riva al fiume fermo a meditare: tutto il giorno se ne stava lì. Di tanto in tanto qualche devoto portava cibo e rimaneva ad ascoltare le parole del saggio.

I giorni passavano e il direttore capiva sempre meno questo signore che se ne stava tutto il giorno lì a non far niente. A un certo punto non resistette più e decise di andargli a parlare. "Ma perché non vieni a lavorare con noi così potrai guadagnare dei soldi e fare quello che vuoi?", gli disse una volta lì.

Il saggio guardandolo gli chiese perché avrebbe dovuto lavorare in quel modo e il direttore gli disse: "così puoi guadagnare dei soldi". "Cosa ci dovrei fare con quei soldi?", chiese il saggio. "Potresti comprarti una bella casa". "Ma io amo già il posto in cui vivo". "Potresti comperarti del cibo".

"Ma io ricevo già cibo cucinato con amore da mani di persone che mi amano". "Potresti fare quello che vuoi". "Io faccio già quello che voglio e se lavorassi come dici tu non avrei più il tempo per dedicarmi a quello che amo". Da quel giorno il saggio ebbe un allievo in più.

I pellerossa dicevano "la civiltà di un popolo si misura da come tratta la natura". Quando ti trovi di fronte all'oceano, davanti all'immensità delle montagne, a lagune deserte negli altipiani andini, nei deserti, la tua prospettiva cambia.

Abbiamo bisogno di grandi spazi per risvegliare la nostra anima e ricordarci chi siamo davvero. Il viaggio è per me essenzialmente questo. Si può viaggiare e non vedere e si può stare fermi e vedere tutto. Personalmente l'ideale sta nel mezzo.

Nel vedere con nuovi occhi e rimanere abbagliati, come è accaduto ai miei figli, che vivono in India, quando videro la neve per la prima volta. Ricordo il loro stupore e l'incredulità.

Vivere è diventare anziani e saggi mantenendo quell'incanto. Davanti a un nuovo paesaggio, a una nuova canzone, a una poesia o a un disegno di mia figlia Radha che viaggia nei colori. Davanti a mio figlio Diinesh quando viaggia tra i sapori delle spezie. Davanti all'agilità di mio figlio Satya, sopra gli alberi a costruire case ecocompatibili, e davanti a mio figlio Sanjay che cavalca l'oceano sulla sua tavola da surf.

Questo libro è innanzitutto dedicato a loro. Perché possano andare lontano. Cerco di essere un buon arco che scaglia lontano le sue frecce.

Il viaggio ha tante facce e ribadisco che chi non viaggia non è in linea con sé stesso e con il mondo. Se non viaggi ti costruisci delle idee a priori su ogni cosa, magari riportate da terze persone e non da te.

Vedere con i propri occhi quello che succede fuori è l'unica maniera per pensare con la propria testa e fare le scelte giuste per vivere davvero la propria vita; per essere un uomo a modo tuo, un padre a modo tuo, per vivere una vita a modo tuo.

La vita è il dono più bello che Dio ti ha dato e quello che fai in questa vita è il modo con cui ricambi quel dono. Grazie per avere viaggiato con me fino a questo punto.

SEGRETO n. 5: chi non viaggia non è in linea con sé stesso e con gli altri. La vita è un viaggio continuo, non rimanere in sala d'attesa.

RIEPILOGO DEL CAPITOLO 7:

- SEGRETO n. 1: il viaggio dentro il tuo corpo non è solamente fare palestra ma ascolto profondo, respiro attento, prendere consapevolezza reale del tuo potere di autoguarigione e non essere solo uno spettatore passivo del processo di trasformazione nel gioco della vita.
- SEGRETO n. 2: viaggia nelle cose su cui sei debole. Leggi autori che ti possano far crescere a cominciare dalle tue debolezze, che sappiano suggerirti strategie. Focalizzati ma non fermarti a un coach e/o guru: è la cosa peggiore che possiamo fare, a lui, ma soprattutto a noi.
- SEGRETO n. 3: relazionati con l'ambiente, l'universo e la natura sono dei magazzini energetici infiniti e magnifici, a costo zero.
- SEGRETO n. 4: viaggiare con il tuo partner e dare una matrice alla coppia, mantenendo la rotta per crescere e confrontarsi con lui, e facendo sane sinergie con amici e coppie.
- SEGRETO n. 5: chi non viaggia non è in linea con sé stesso e con gli altri. La vita è un viaggio continuo, non rimanere in sala d'attesa.

Conclusione

Se dovessi definire che cosa cerco da sempre e che cosa tratto nei miei corsi in due parole, mi viene in mente: "Ananda Dharma" che significa "star bene con sé stessi, essere nella beatitudine, in maniera condivisa e sinergica", come il sole o la luna che risplendono su tutto, ognuno a modo proprio.

Essere parte attiva e fare del mio meglio nel divulgare una cultura del benessere, una psicologia del benessere, per una società fondata sul ben-essere come valore. Una società dove la vita, non solo si allunga ma si dilata, per cui puoi vivere a lungo ma soprattutto bene e con saggezza.

Un benessere globale: nella sfera fisica, psicologica, affettiva, relazionale, sociale, finanziaria, dove tutti e tutto sia contemplato e in cui il valore non è solo quello utilitaristico ma soprattutto esistenziale. Una cultura che favorisca l'integrazione interrazziale e incoraggi una crescita e un benessere individuale e collettivo.

Questa è la mia responsabilità; responsabilità nel rispondere ai problemi che stiamo vivendo, perché io mi devo sentire, io *sono*, maestro di me stesso e tutto, intorno a me, è coach e guida. Parte della mia mission è trasmettere il messaggio che questo vale per ognuno di noi.

Il mio invito a te è quindi di diventare maestro di te stesso a partire da adesso. Prendi in mano la tua vita, migliorati e fai del tuo meglio ogni giorno e sicuramente ogni aspetto della tua vita migliorerà con te.

Nelle varie associazioni e scuole in cui offro le mie competenze ho messo in moto progetti e attività per tutte le persone e per tutte le tasche. Proposte a costo zero, come percorsi di meditazione, eventi gratuiti e programmi di formazione per operatori, Spa e aziende.

Viaggi e percorsi in India e in Italia; serate in gruppo dove si mangia cibo buono e sano, altre dedicate al massaggio, alla meditazione, alla condivisione di sapere (conferenze a tema).

Eventi che sono visibili anche online, a parte le pietanze che mio figlio può comunque venire a prepararti a casa tua. È un valido cuoco e ama cucinare.

Pur continuando a gestire scuole di formazione per gli operatori del benessere, il mio sentire profondo mi invita a portare le mie conoscenze alla gente comune anche per migliorare il rapporto di coppia, nelle famiglie, a insegnare la meditazione affinché anche le persone più svantaggiate possano trarne beneficio, forza e motivazione per migliorarsi.

Insegno questo anche agli allievi che lavorano nel mondo del benessere perché il vero benessere sta nel rendere le persone indipendenti e responsabili della loro salute.

Con che tristezza vedo operatori del benessere che creano dipendenza. Con che rammarico vedo maestri schiavi del loro lavoro e del loro delirio di potere. Vorrei dare il mio contributo alla sfida che ci coinvolge in quanto umanità, pena la sopravvivenza dell'uomo e della natura: quella di creare ponti.

Crearli, mentre mi sforzo di capire come farlo, tra migliaia di ostacoli, tra "Oriente" e "Occidente", tra le culture di tutto il mondo, guidato dai principi che accomunano l'umanità intera: il rispetto, la solidarietà, la capacità di ascoltare e accettare (e imparare, sempre) chi è diverso, valori indispensabili per creare una globalizzazione autentica e non distruttiva.

Sri Aurobindo e la Mirra Alfassa dai suoi devoti chiamata Mère parlano di un nuovo tempo e di un nuovo mondo dove vige la cultura del "noi". Questo mondo è malato da troppo "io" e non vede come tutto è interconnesso e tutto è parte di te e di me.

Spero che questo testo ti sia piaciuto, per motivi di spazio ho dovuto sintetizzare. Nella vita ho scelto di essere un ricercatore continuo e nei miei corsi e in questo libro scelgo di essere un narratore anziché un formatore, perché io formo me stesso e con te condivido.

La mia attitudine è quella di percorrere insieme a fianco e non di fronte il viaggio della vita, come faccio dal 1980, con tanti compagni di percorso che ora sono maestri famosi, in scuole di prestigio, apprezzati in tutta Italia e nel mondo.

Scriverò altri libri in cui entrerò in dettaglio sugli argomenti trattati. Il prossimo verterà sulle relazioni affettive: "Amarsi tra mille difficoltà" in cui parlerò di come vivere la relazione bene e in maniera sana e migliorativa, con il tuo partner e con i tuoi figli.

Aspetto una tua mail a ilguruseitu@gmail.com per inviarti il questionario sulla tua costituzione personale, la mappa di base per focalizzarti sui tuoi talenti e predisposizioni, per eventualmente personalizzare la tua meditazione e rispondere alle tue domande. Sri Aurobindo amava dire: "Cammina con un piede nel passato e uno nel futuro".

Non potrei concludere senza prima ringraziare i miei figli Diinesh, Sanjay, Satya e Radha che mi danno una forza ostinata a osare semplicemente e meravigliosamente di vivere.

Se è vero che un uomo deve fare un figlio, scrivere un libro e piantare un albero allora vuol dire che devo fare altri tre libri e lo farò.

Il mio grazie più grande va a Marina che mi ha sostenuto incondizionatamente nella realizzazione di questo volume.

A Luciana maestra di vita e di yoga che nelle posizioni che insegna mette l'ingrediente magico dell'umanità e della compassione.

Ai miei allievi che mi spronano e mi stimolano. Ai miei collaboratori, docenti preziosi con cui posso offrire corsi di alto livello perché 1+1 fa 11 e con cui scriverò proprio un libro su questo. Sul potere della sinergia.

Alla natura e a te, con cui sto condividendo il meraviglioso dono che è il viaggio del vivere.

Appendice

Sequenza meditativa di base per creare la tua meditazione in linea con i tuoi principi guida e ciò che vuoi essere e avere nella tua vita.
Ti consiglio di registrarla e di ascoltarla a occhi chiusi finchè non l'avrai completamene metabolizzata.

Mettiti in una posizione comoda. Se ce la fai e sei comodo, disponiti seduto a terra con le gambe incrociate, altrimenti su una sedia oppure anche sdraiato; puoi meditare al mattino prima di alzarti dal letto anche se rischi di riaddormentarti.

Puoi anche meditare sdraiato se soffri di insonnia.

Appoggia le mani sulle ginocchia e osservati, guardati da fuori come se stessi guardando qualcuno in un film e porta attenzione alla tua posizione, porta attenzione alla colonna vertebrale.

Fai in modo che sia eretta, allineata e allo stesso tempo rilassata. Porta attenzione alle spalle e fai in modo che siano perfettamente rilassate e simmetriche.

Porta attenzione al mento. Fai in modo che non sia eccessivamente rivolto verso il petto. Concentrati adesso sulla sommità del capo, nell'area della fontanella e visualizza una linea che congiunge la sommità del capo con il coccige. Come un filo di luce che dalla sommità del capo scende giù e poi ritorna su, come se ti tirasse verso l'alto.

Porta adesso attenzione al respiro. Osservalo con attenzione. Spesso l'area del cuore è incassata. Se è il tuo caso, aprila. Tira fuori la tua fierezza. Crea un ritmo gentile e armonioso tra inspirazione ed espirazione. Se riesci prova a portare il respiro alla parte addominale, diaframmatica.

Fai in modo che il respiro diventi un'esperienza piacevole e distensiva. Al di là del tempo. Focalizzati sul qui e ora, sul momento presente. Tieni fuori tutto il resto. Nel bene e nel male. Tutto quello che di bello o di brutto appartiene alla tua vita.

Lascia andare tutto, come nuvole soffiate via dal vento, e pensa al piacere del sole che ti scalda.

Porta adesso attenzione all'energia che entra dentro di te a ogni respiro. Senti questa energia espandersi e dopo averla portata verso il basso guidala verso l'alto. Falla arrivare alla testa, al cervello.

Senti come il respiro entra nel naso e va nei tuoi pensieri creando spazio. Spazio psicologico. Sciogliendo le forme-pensiero come il sole con la nebbia. Questa energia prende un colore dorato luminoso.

Dalla testa si espande in tutta l'area del capo. Come una doccia di luce dal centro della testa si dirige in tutte le direzioni, i lati del cranio, verso la parte posteriore e occipitale. Verso le orecchie. Verso la fronte. In ogni direzione.

La senti entrare nelle orecchie portando equilibrio alla tua facoltà uditiva che si dirige verso l'interno. Attratta dai suoni del mondo che è dentro di te. Porta adesso attenzione ai tuoi occhi. Senti questa energia luminosa entrare nelle orbite e diventare sensibile ai colori, alle forme del tuo mondo interiore.

Porta adesso attenzione al naso. Percepisci questa energia entrare dentro di te dal naso e porta attenzione ai profumi, alla facoltà olfattiva verso il tuo mondo interiore. Senti questa luce diffondersi lungo i tuoi zigomi, verso le tue guance, la senti entrare nella tua cavità orale.

La senti espandersi all'interno della bocca, in tutta la superficie della tua lingua, verso tutti i denti e le gengive, dentro la tua gola fino ad arrivare all'ugola. Porta attenzione all'esperienza palatale del tuo mondo interiore.

Percepisci come questa energia luminosa si sia diffusa in ogni cellula della tua testa. In ogni organo sensoriale. In ogni millimetro quadrato della pelle della tua testa e del cuoio capelluto.

Permani un momento nella contemplazione della quiete che pervade il tuo capo. Respirando con gentilezza riporta questa esperienza di luce verso il collo, vertebra dopo vertebra.

Dalla parte posteriore del collo percepisci questa luce espandersi verso i lati, sulla parte anteriore del collo, coinvolgendo la ghiandola tiroidea e l'area del pomo di Adamo, il mento fino all'attaccatura delle orecchie.

La testa e il collo sono perfettamente rilassati, il tuo viso è pervaso di buona energia luminosa. Dal collo questa luce si espande lungo i lati delle spalle, coinvolge i bicipiti e scende lungo le braccia.

Percepisci l'energia diffondersi nei gomiti per poi fluire lungo gli avambracci, percepisci l'energia diffondersi nei polsi per poi fluire verso i palmi delle mani.

Soffermati adesso sul palmo delle mani, senti quest'energia entrare nel palmo e dalle mani diffondersi verso le dita. Dai pollici agli indici, dai medi agli anulari fino ad arrivare ai mignoli. Dai polpastrelli delle dita senti quest'energia entrare sotto le unghie e scorrere lungo la parte posteriore delle dita e la parte posteriore delle mani.

Ancora senti l'energia diffondersi verso i polsi, dai polsi salire verso la parte posteriore degli avambracci, verso la parte posteriore dei gomiti, dai gomiti questa energia sale lungo le braccia per entrare nelle ascelle.

Percepisci le tue braccia perfettamente rilassate e pervase di buona energia luminosa. Dalle ascelle riporta l'attenzione al collo. Dal punto in cui finisce la testa e inizia la prima vertebra del cervicale e vi entra. Arriva al centro del midollo spinale e da quel punto riporta l'attenzione alla sommità del capo, alla fontanella dei bambini.

Immagina la tua fontanella aperta e percepisci il prana, questa energia luminosa e purificante partire da quel punto e scendere verso il basso. La senti scendere all'altezza degli occhi mantenendo la linearità con la fontanella, porta la tua attenzione visiva a quel punto.

Quel punto corrisponde alla ghiandola pineale, al terzo occhio della tradizione orientale. Mantieni l'attenzione del respiro e l'attenzione su quel punto. Sviluppa il tuo potere di intuizione e di concentrazione. Mantieni l'attenzione su quel punto per almeno tre respiri.

In questi frangenti crea spazio, un'onda di buona energia pervade tutta la tua testa e tutti gli organi sensoriali presenti nel capo; orecchie, occhi, naso, lingua e la pelle sul viso e sul cuoio capelluto.

Porta attenzione alle esperienze sensoriali del tuo mondo interiore. Dei suoni che senti dentro, dei colori delle immagini che vedi dentro, delle esperienze olfattive che senti dentro, delle esperienze palatali che senti dentro. Percepisci questa energia scendere dal terzo occhio verso la gola, verso la ghiandola tiroidea.

Rimani sul punto per almeno tre respiri. Manda luce e buona energia al punto che corrisponde all'elemento etere. Al potere della parola, al potenziale del tuo percepire, nel tuo mondo pensiero e lascia andare le tue forme-parola.

Lascia andare le cose che avresti voluto e quelle che avresti voluto ascoltare. Le parole che non avresti voluto dire e quelle che non avresti voluto sentire. Crea spazio nel tuo mondo di parole.

Mantieni l'attenzione sul filo dorato e dall'ugola porta il filo d'oro verso il basso, con ritmo e armonia fino ad arrivare al centro del petto in corrispondenza e al centro dei capezzoli: questo è il centro del cuore. La sede dell'anima secondo la cultura indiana. La sede dei sentimenti.

Crea spazio nel tuo mondo sentimentale. Lascia andare le tue esperienze amorose e affettive, positive e negative che siano e crea spazio per contenere pura energia d'amore. Un'energia che prenderà la forma delle esperienze che desideri e che vuoi vivere. I tuoi obiettivi relazionali. In consapevolezza e nel rispetto e nell'amore verso sé stessi.

Respira con ritmo mantenendo l'attenzione su quel punto. Espandi questa buona energia verso il cuore. Percepisci il battito del tuo cuore. Crea ritmo cardiaco. Ingentilisci il tuo battito cardiaco. Dal cuore espandi questa buona energia verso i polmoni, dalla parte clavicolare alla parte diaframmatica.

Inonda di buona energia luminosa ogni alveolo polmonare. Rimani per un attimo a percepire la bellezza di come questa energia e questo respiro consapevole possano dare un piacere fine a sé stesso, indipendentemente da oggetti, soggetti e cause esterne.

Prendi consapevolezza dello stato di grazia che in Oriente viene definito ananda. Beatitudine. Star bene con sé stessi. Appagati nel sé.

Continua ora il tuo viaggio dentro di te e dal centro del cuore raggiungi l'area dell'ombelico. Siamo nell'area del potere. Della tua forza personale. Siamo nell'elemento del fuoco che si espande e porta armonia in tutta l'area dell'addome, che si irradia in tutta l'aria intestinale.

Regola il tuo fuoco digestivo, il tuo potere metabolico. Incanala questa energia verso il fegato, i reni, il pancreas, tutta l'area addominale. Lascia andare le tue esperienze negative, le tue sconfitte.

Prendi consapevolezza del tuo potere interiore, del tuo fuoco interno. Del potere che ti permetterà di realizzarti in tutti gli aspetti della vita. Rimani in quello stato di quiete e di autostima personale.
Continua il tuo percorso e fermati al centro del tuo basso ventre, tra l'ombelico e il coccige. Siamo ora nel centro delle tue emozioni, lascia andare le tue esperienze emotive.

In particolar modo quelle avvilenti come paura, rabbia, rancore, insicurezza, senso d'inadeguatezza e qualunque altra emozione infelice che fa parte del tuo carattere. Le tue brutte abitudini. Lasciale andare e porta luce, crea spazio.

Fai in modo che ci sia l'ambiente perché dentro e fuori di te si possano esprimere emozioni sane come fiducia, compassione, stima, empatia, sana intesa e sana complicità. Godi di queste emozioni, falle tue.

Diventa padrone di questo modo sano di comprendere, di sentirsi per esprimere propositivamente le tue emozioni. Rimani per un momento nello stato di ananda, nel vivere questo stato di benessere emotivo.

Continua il tuo percorso e arriva alla base della colonna vertebrale, porta luce al coccige. Porta attenzione alla stabilità. Alla sede delle tue sicurezze materiali. Lascia andare le tue paure, lascia andare le tue preoccupazioni inerenti questo aspetto della vita. Matura fiducia nella vita e nel tuo potenziale. Nella tua capacità di risposta.

Porta luce e rafforza il senso di sicurezza e di fiducia verso di te, verso il mondo e verso il cambiamento. Prendi consapevolezza del tuo potere di cambiare le cose e di realizzare i tuoi obiettivi a partire dai tuoi bisogni materiali. Per te e i tuoi cari.

Crea spazio nella punta del coccige, il centro del tuo rapporto con i tuoi bisogni primordiali e matura in te la sicurezza e la forza. Accetta, quieto, la tua condizione per partire verso i cambiamenti che ti porteranno ai tuoi obiettivi.

Dal coccige espandi questa energia luminosa verso le aree inguinali, falla fluire lungo la parte interna delle cosce, fai in modo che si espanda nei cavi poplitei che sono le parti interne delle ginocchia, continua verso i polpacci e da lì verso i talloni.

Espandi questa luce nell'area dei talloni, dai talloni dirigi l'energia verso la pianta dei piedi lungo tutta la superficie. Dirigi il prana verso ogni dito del piede dall'alluce progressivamente alle dita di fianco fino ad arrivare al mignolo. Il dito più piccolo del piede.

Rimani un attimo nel piacere del percepire l'energia entrare nel centro della pianta dei tuoi piedi. Ora, senti questa energia entrare sotto le unghie di ogni dito e scorrere verso il dorso del piede.

Sentila salire verso l'attaccatura della tibia e da lì verso le ginocchia, la parte esterna delle gambe fino ad arrivare alle creste iliache e ricongiungersi al coccige.

Om, respira la pace e dirigila verso l'altro. Prendi consapevolezza del filo d'oro che sale di vertebra in vertebra fino alla sommità del capo. Passando per i chakra, i punti energetici che abbiamo visualizzato nel discendere dalla sommità del capo fino alla punta delle dita dei piedi.

Inspira e porta su, espira e porta giù. Nell'ispirazione l'energia sale e nell'espirazione l'energia scende. Nell'ispirazione quello che è fuori diventa parte di te e nell'espirazione tu diventi parte del mondo. Senti buona energia diffondersi dappertutto.

Ti senti riallineato e pronto a riprendere contatto con il vivere quotidiano. Riapri con dolcezza gli occhi e riprendi la tua vita. Capisci che non è cambiando le cose che la vita cambia e migliora e diventi consapevole che cambia nel momento che cambia il tuo modo di porti nei suoi confronti.

Con il tempo questo modo di respirare sarà con te sempre di più. Diventerà spontaneo e automatico. Fai una registrazione di questo testo per ascoltarla a occhi chiusi. Puoi dire a una persona che ami farlo per te, se preferisci.

Di pari passo scrivi su un foglio le tue debolezze e come vorresti trasformarle; ad esempio, se la rabbia e l'impazienza sono delle tue debolezze del momento, la trasformazione potrebbe essere "sono paziente e rimango calmo a ogni provocazione".

Una volta che hai descritto le tue affermazioni di cambiamento, puoi inserirle nel tuo percorso meditativo. Mettine una a ogni chakra, oppure scegli per una settimana o per un periodo a te congeniale di rimanere fisso su una data affermazione. Mantenendo l'attenzione su un chakra definito.

Di solito il terzo occhio se le tue affermazioni hanno a che fare con la volontà, con il cuore se hanno a che fare con i sentimenti e con la gola se invece hai problemi di comunicazione ecc. Ogni chakra è in relazione a emozioni e attitudini particolari.

Nel mio canale Youtube puoi ascoltare l'intera sequenza, oppure puoi contattarci e ti invieremo l'audio. Puoi anche registrarlo chiedendo a una persona che ami di registrarla. Questa sequenza è la nostra meditazione di base. Puoi usarla come riferimento di partenza.

Quella che condivido con i partecipanti dei percorsi benessere e formativi e del gruppo Carpe diem, che ho attivato su Facebook.

È importante personalizzare la meditazione come è importante vivere la vita a modo tuo. Puoi approfondire l'argomento sulla personalizzazione visitando i nostri canali, oppure seguendo i nostri corsi residenziali di gestione dello stress e per lo sviluppo di sane dinamiche relazionali che proponiamo nei periodi estivi.

Per concludere la parte riguardante la meditazione, ti invito ad attrezzarti di supporti che aiutano la meditazione: attrezzati di cuscini, un plaid o una pashmina – scialle di finissima lana pregiata per avvolgerti.

Esecuzione pratica dell'automassaggio

La sequenza che ti riporto qui di seguito puoi registrarla e ascoltarla mentre esegui i tuoi primi massaggi oppure puoi scaricarla direttamente e gratuitamente dai nostri canali.

Versa dell'olio in una scodella, meglio ancora se lo riscaldi a bagnomaria o a contatto di una fonte di calore. Prendi l'olio e distribuiscilo sulle mani. Strofina bene l'olio sulle mani, porta calore alle tue mani. Fai attenzione al potere che vi è nascosto dentro e che ora stai sprigionando, pensa al lignaggio millenario che c'è dietro questo antico ed eterno gesto.

Porta le mani alle guance e ai lati del viso e avvolgilo. Esegui dei movimenti gentili e rotatori sulle guance, dalle guance vai alle tempie, gentilmente, con armonia tra respiro e movimenti, senza fretta. Dalle tempie passa alla fronte e dalla fronte ruota e muovi tutto il cuoio cappelluto.

Prendi ancora olio e distribuiscilo sul mento e dietro il collo. Rimani con le mani ferme sulle aree cervicali. Fai in modo che la parte su cui stai accingendoti al massaggio prenda consapevolezza del calore che hai nelle mani. Sviluppa capacità di percezione sensoriale e crea spazio nella mente.

Con la mano destra massaggia il lato del collo destro, la parte anteriore e posteriore dell'orecchio, tira tutte le parti dell'orecchio dal lobo alla parte alta dell'orecchio. Dal basso verso l'altro girandoci intorno ed effettuando dei movimenti gentili e circolari.

Con il mignolo ungi bene le parti interne dell'orecchio più in fondo che puoi. Prendi olio, strofinalo bene e fai lo stesso con la parte sinistra, dal collo a salire.

Appoggia entrambe le mani sugli occhi e ruota gentilmente i bulbi oculari. Porta attenzione al calore e alla sensazione rilassante e luminosa.

Ruota le mani sulla fronte e sempre ruotando sali lungo il cuoio capelluto muovendolo bene. Grattati adesso tutta la testa, dalle orecchie fino alla sommità del capo.

Il motivo principale di questa tecnica è quello di rimuovere le tensioni causate da un eccessivo pensare e da stimoli emotivi negativi. Nel far questo, noterai che la mente si libera e il tuo respiro migliora.

Continua e concludi il massaggio alla testa ungendo bene il mento, come fanno gli uomini che si accarezzano la barba, anche se non ce l'hai.

Prendi altro olio e porta la mano sinistra al trapezio destro. Impasta bene il trapezio e continua impastando e ungendo bene la spalla, l'ascella, il bicipite, il gomito e tutto il braccio. Fermati bene sul gomito. Massaggia delicatamente tutta la mano, avendo cura di passare bene negli spazi tra ogni dito e strizza ogni singolo dito.

Se vuoi che gli anni passino senza incappare in fastidiosi dolori e problemi, pensa che facendo questo non conoscerai reumatismi e artrosi in tarda età. Fai lo stesso sull'altro lato.

Adesso ungi il petto e il seno. Con gentilezza e amore. Manda buone energie al cuore e pensieri positivi. Se la tua mappa è attaccata allo specchio, leggila e rileggila e mettici anche citazioni che ami e che ti fanno sorridere.

Sposta la mente dalla parte dell'iceberg sopra il mare e concentrati su quella che c'è sotto. Non si vede ma è la parte più importante. Quando arrivi alla pancia continua con la buona energia. Ungi e manda buona energia a questa che è la parte più ancestrale del nostro essere.

Allarga le gambe, prendi altro olio e ungi bene le parti intime, il solco tra le natiche e tutta l'area inguinale. Adesso lavora sull'area lombare.

Allarga le gambe a triangolo. Appoggia la mano destra sul ginocchio destro e flettiti sul lato destro. Sentirai uno stiramento sul fianco sinistro. Dove senti stiramento, ungi con movimenti rotatori. Stai unendo lo Yoga al massaggio. Due cose in una. Fantastico, vero? Fai la stessa cosa con il lato sinistro.

Appoggia adesso una gamba su uno sgabello come se volessi allacciarti la scarpa e massaggia con entrambe le mani la coscia destra. Dall'inguine fino al ginocchio. Massaggia ora bene con movimenti di rotazione il ginocchio. Dal ginocchio scivola verso la tibia e il polpaccio. Strofina bene sui talloni e sui malleoli e poi il dorso del piede, avendo cura di scivolare bene negli spazi tra dito e dito. Prendi ancora olio e fai lo stesso con l'altra gamba.

Adesso siediti e appoggia i piedi su un tappetino che userai appositamente per l'auto massaggio. Nei Veda è scritto: "Chi si massaggia i piedi tutti i giorni tiene lontano da sé la malattia, così come i serpenti stanno alla larga dalle aquile".

Non occorre aver fatto un corso di riflessologia plantare. Porta semplicemente attenzione al benessere che provi nello scivolare lungo la pianta dei piedi. Tutto il massaggio dura dai 10 ai 15 minuti.

Terminato di ungerti, rimani seduto sullo sgabello per ancora cinque minuti, chiudi gli occhi e medita, o semplicemente pensa ai tuoi obiettivi, a quello che vuoi essere. L'universo non vede l'ora di ascoltarti ed essere tuo complice.

A questo punto fai una bella doccia e vedrai come la giornata inizia in un modo completamente diverso.

Attività e contatti:

Lezioni Yoga, consulti e trattamenti Ayurveda a Sondrio, Bari e Policoro – Matera

Metodo Feldenkrais, Core integration e Bones for life a Sondrio.

Scuola di formazione Bellezza e Benessere integrale di Ayurveda, Yoga e Thai massage annuale e triennale certificata in Puglia e Basilicata.

Corsi personalizzati beauty and wellness Ayurveda rivolti al mondo delle Spa e delle aziende.

Scuola di Yoga per insegnanti Yoga biennale Puglia e Basilicata.

Corsi di cucina Ayurveda "la cucina degli Dei" in Puglia e Basilicata.

Percorsi benessere residenziali settimanali e fine settimanali in Puglia, Basilicata e India:

1) Gestione dello stress e arte del vivere (rivolto a liberi professionisti e imprenditori)
2) Capirsi senza parole – Massaggio e comunicazione non verbale - percorso per la coppia
3) Stile di vita: alimentazione ayurvedica, meditazione, Yoga, automassaggio e massaggio per la coppia
4) Percorsi benessere e di formazione Ayurveda in Kerala, India del Sud, la patria dell'Ayurveda e "terra degli Dei"

Facebook: Michele Ranieri – Mahesvara
https://www.facebook.com/www.anandaveda.org/

Samsara centro studi:
https://www.facebook.com/Samsara.CentroFormazione/

Sito: www.anandaveda.org

Dove mi trovate:
APS Poiein, Via Bonfadini Nr. 38 cap. 23100 Sondrio
APS Giawalù, Via Serra Nr. 13 cap. 75025 Policoro (Matera)
APS Anandilù Via Dalmazia Nr. 103 cap. 7121 Bari

Mail:

micheleanandaveda@gmail.com e ilguruseitu@gmail.com

www.ingramcontent.com/pod-product-compliance
Lightning Source LLC
Chambersburg PA
CBHW050852160426
43194CB00011B/2120